Ralf Grabuschnig
Endstation Brexit

W0191740

Ralf Grabuschnig

Endstation Brexit

Tectum Verlag

Ralf Grabuschnig
Endstation Brexit

© Tectum – ein Verlag in der Nomos Verlagsgesellschaft, Baden-Baden 2018
ISBN 978-3-8288-4131-4
E-PDF 978-3-8288-7016-1
E-Pub 978-3-8288-7017-8

Umschlaggestaltung: Tectum Verlag, unter Verwendung des Bildes
92375736 von psdesign1 | www.fotolia.de

© Übersichtskarten: Rinalda Faraian

Druck und Bindung: FINIDR, Český Těšín
Printed in the Czech Republic

Alle Rechte vorbehalten

Besuchen Sie uns im Internet:
www.tectum-verlag.de

Dieses Werk wurde durch die Literaturagentur Beate Riess vermittelt.

Bibliografische Informationen der Deutschen Nationalbibliothek
Die Deutsche Nationalbibliothek verzeichnet diese Publikation
in der Deutschen Nationalbibliografie; detaillierte bibliografische
Angaben sind im Internet über http://dnb.d-nb.de abrufbar.

Inhalt

Ich danke David Cameron,
der dieses Buch erst ermöglicht hat

Einleitung

84 Prozent für den Verbleib in der Europäischen Union – so ging das das Brexit-Votum aus. „Der hat doch nicht mehr alle Teetassen im Kabinett", denken Sie sich jetzt sicher, „es weiß doch jeder, wie dieses verfluchte Brexit-Referendum ausgegangen ist!" Zugegeben, Sie haben recht. Aber es hätte auch anders kommen können! Und das tat es an ein paar Orten ja auch. Beispielsweise am Zeltplatz des Glastonbury-Musikfestivals im westenglischen Somerset. Hier wurde noch am Tag der Abstimmung eine Tafel aufgestellt, die ein ganz anderes Ergebnis zeigte: stolze 137 zu 26 Stimmen für das Remain-Lager! Wie ich schon sagte: 84 Prozent. Als ich am Morgen des 24. Juni 2016 dann selbst aus meinem verdreckten Zelt kletterte, das ich auf diesem Feld in Somerset aufgeschlagen hatte, und mein Handy rausholte, brach dementsprechend auf Anhieb die Hölle los. „You really did it. You voted to leave!", entfuhr es mir etwas lauter als beabsichtigt. Sofort kamen von allen Richtungen die Antworten zurück. „Ahh damn it! It's all the old bastards again that always go vote" oder „I can't believe how stupid this country is – a c***-ry, really" gehörten noch zu den Aussagen, die man am ehesten wiedergeben kann.

Die europhilen Hippies des Glastonbury-Festivals standen unter Schock. Und das hielt den ganzen Tag an. In der Schlange zum Kaffeeholen kam ein älterer Herr auf uns zu und entschuldigte sich stellvertretend für seine Generation. Unsere Zukunft hätten sie verbaut, meinte er. Erstaunlich: Da erzählen uns die älteren Mitbürger seit Jahrzehnten, wie viel besser es früher doch gewesen sei, und dann das! In der Welt von Brexit und Präsident Trump kann man sich wirklich auf gar nichts mehr verlassen ... Ganz verarbeiten konnte den Ausgang des Referendums auf diesem schlammigen Feld in Somerset aber ohnehin keiner. Es wussten doch alle: Die EU zu verlassen war blanker Selbstmord! Wem sollte so etwas Dummes einfallen? Nun, wie sich herausstellte, fanden einige diese dumme Idee ganz gut. Die Besucher des alten Hippie-Horts Glastonbury waren wohl doch kein repräsentatives Sample der britischen Bevölkerung. Wer hätte das gedacht?

Die enormen Emotionen, die mir an diesem Wochenende von der sonst so entspannten britischen Bevölkerung entgegenschlugen, verschwanden dann auch nicht mehr so schnell. Und das Referendum ist in der Zwischenzeit bereits zwei Jahre her. In einer solchen Zeitspanne erleben andere Länder (ich denke an euch, Italien) locker zwei bis drei Premierminister. Die Briten fetzen sich währenddessen noch immer wegen ihres ollen Brexits. Das Brexit-Votum war eben mehr als nur ein kleines Referendum. Für die Remain-Anhänger war der Ausgang der Volksabstimmung eine Absage an alle Werte, die sie vertreten und schätzen. Es war eine Wahl gegen die Vernunft, gegen die Weltoffenheit, gegen internationalen Zusammenhalt und für die englische Isolation vom Kontinent. Sieht man sich die Beschwerdeliste der Europaanhänger einmal an, könnte man den Eindruck gewinnen, England hätte sich dafür entschieden, an seiner gesamten Südküste Bootsmotoren anzubringen und langsam in den Atlantik hinauszutuckern.

Auf der anderen Seite sieht die Sache nicht besser aus. Die Brexit-Anhänger machen sich jetzt natürlich enorme, wenn auch noch so unrealistische Hoffnungen und lassen das ihre Mitbürger spüren. Mit der Trennung von der Europäischen Union könne Großbritannien, so ihre Auffassung, endlich wieder seine Unabhängigkeit zurückerlangen, die Autorität im eigenen Land wiederherstellen und zu alter Größe zurückkehren. Alte Größe ... Worüber reden die denn da überhaupt? Was ist das, diese „gute alte Zeit", und warum ist es den Brexiteers so wichtig? Nun, das scheinen sie selbst nicht so genau zu wissen, das Remain-Lager ebenso wenig, und so wirft man sich halt weiterhin munter alles Mögliche an den Kopf, bis einer nachgibt – sicher nicht der Klügere. Dabei könnten sie sich das alles sparen. Wenn man sich die „gute alte Zeit" nämlich mal etwas genauer ansieht, wird schnell klar: England und Europa haben sich seit Jahrhunderten immer aufeinander zubewegt, nur um sofort wieder auseinanderzudriften. So ungewöhnlich ist der Brexit da gar nicht.

„Wir müssen aus der Geschichte lernen", sagt man seit Jahrhunderten – bislang ohne Erfolg

„Geschichte wiederholt sich." Bei dieser Aussage überkommt gestandene Historiker der Brechreiz. Natürlich wiederholt sich Geschichte nicht, wie sollte sie denn auch?! Jede Zeit hat ihre eigenen Rahmenbedingungen und Probleme. Man kann die Gegenwart nicht einfach mit der Vergangenheit gleichstellen oder, noch schlimmer, versuchen, die Zukunft mit der Vergangenheit vorherzusagen. So funktioniert die Welt einfach nicht. Es würde ja auch niemand auf die Idee kommen, seine heutigen Alltagsprobleme mit den Methoden des 18. Jahrhunderts zu lösen. Wagen Sie doch einmal einen Selbstversuch. Spazieren Sie bei nächster Gelegenheit doch mit einem Bajonett in die Bankfiliale Ihres Vertrauens, um Ihren Kreditrahmen zu besprechen. Wahrscheinlich wird das eher weniger hilfreich sein. Auch wenn die Mär der sich wiederholenden Geschichte also Blödsinn ist, kennt doch jeder von uns diesen Gedanken: „Das kommt mir irgendwie bekannt vor". Fast täglich passiert etwas in der Welt, das in uns ein gewisses Déjà-vu auslöst. Ob es nun Finanzkrisen und Migrationsströme sind – oder eben der Brexit. Es lohnt sich daher schon, solche Ähnlichkeiten und Zusammenhänge etwas näher anzuschauen – auch wenn Sie Ihren Bankberater damit sicher weniger beeindrucken als mit dem rostigen Bajonett.

Doch auch da gleich die schlechte Nachricht vorweg: Die Geschichte hat uns leider gelehrt, dass wir unfähig sind, aus ihr zu lernen. Wir wissen fast alles über die Weltwirtschaftskrise von 1929, trotzdem haben wir in den letzten zwanzig Jahren gleich zwei ähnliche Finanzkrisen erlebt. Griechenland war in den vergangenen zweihundert Jahren regelmäßig alle paar Jahrzehnte bankrott. Ein wirksames Mit-

3

tel dagegen wurde offensichtlich bis heute nicht gefunden. Populistische Politiker mit unglaubwürdigen Versprechungen wurden im 20. Jahrhundert von Europa bis Lateinamerika mit überwältigenden Mehrheiten gewählt, und überall scheiterten sie spektakulär. Trotzdem ist Donald Trump Präsident der Vereinigten Staaten und Boris Johnson britischer Außenminister. Es scheint, die Menschheit wurde in den letzten paar Hundert Jahren keinen Deut klüger. Eher ist sie noch mehr verblödet.

Aber nicht alles ist schlecht. Für liberal denkende Menschen mögen Brexit und die Präsidentschaft Donald Trumps zwar ein Desaster sein. Zumindest ist es aber schön zu sehen, dass es ähnliche Katastrophen auch früher schon gab. Und wir leben immer noch! Wenn man sich die Geschichte genau anschaut, hat sich sogar einiges verbessert. Zugegeben, wir müssen uns heute mit allerlei dummen politischen Ereignissen herumschlagen, die Jugend sieht die Welt überhaupt nur noch durch ihre Smartphone-Bildschirme, die Autokonzerne belügen uns, und ohnehin geht alles den Bach runter, ich weiß schon. Aber zur Erinnerung: Noch 1929 warf eine Weltwirtschaftskrise die westliche Welt über Nacht um Jahrzehnte zurück und führte in Europa zu einem politischen Extremismus ganz neuen Ausmaßes. Das tun Krisen zwar auch heute noch, für einen neuen Hitler scheint es dann aber doch nicht zu reichen. Ging Griechenland im 19. Jahrhundert pleite, bedeutete das für viele Griechen Hungersnot und Tod. Heute wandern sie nach Irland aus und arbeiten in einem Pub. Wurden populistische Politiker vor 80 Jahren gewählt, bedeutete das KZ, und wenn sie sich ohne Wahl an die Macht brachten, Gulag. Heute heißt das dumme Tweets und noch dümmere Forderungen nach Solar-Mauern oder sowas. Ja, ich vereinfache ein bisschen, und nein, ich verstehe Donald Trumps Gedankengänge auch nicht.

Der Brexit soll sich mal nicht so aufspielen

Auch beim Thema Brexit lohnt es sich, tief durchzuatmen und sich die Geschichte in Ruhe anzuschauen. Oder um den großen österreichischen Kanzler Bruno Kreisky zu zitieren: „Lernen's biserl Geschichte, dann werden's sehn, wie sich das damals entwickelt hat." Für das biserl Geschichte zu lernen scheint beim Brexit nur leider keine Zeit zu sein. Statt tief durchatmen steht Panikmache auf dem Programm. Seit Juni 2016 hören wir ja wirklich pausenlos selbst ernannte Brexperten auf uns einbrüllen. Das alles gibt uns das Gefühl, so etwas wie den Brexit hätte es noch nie gegeben. So dumm und kurzsichtig waren die Leute in der Vergangenheit eben noch nicht! Da gab es noch gemeinsame Werte und moralische Standards! Ein bisserl Geschichtelernen verdeutlicht aber: Die Leute waren schon immer so dumm und kurzsichtig. England und Europa können ja auf eine lange und komplizierte Beziehung zurückblicken, und sie hatten dabei reichlich Gelegenheit für dumme Aktionen. Der Brexit und seine Anhänger müssen das Rad beileibe nicht neu erfinden.

Das fängt schon in der Keltenzeit an. Da spalteten sich unsere englischen Cousins ja bereits von den kontinentalen Verwandten, den Galliern und wie sie sonst noch alle hießen, ab und zogen seitdem ihr eigenes Ding durch. Weit wegbewegt haben sie sich vom Kontinent trotzdem nie. Die Angelsachsen, die zumindest sprichwörtlich immer noch die Grundlage der englischen Nation bilden, waren später wieder allesamt Einwanderer aus Deutschland. Das britische Königshaus ist sogar heute noch im Kern deutsch, auch wenn es das manchmal selbst gern vergessen würde. Irgendwie ist ein deutsches Adelshaus heute nicht mehr so en vogue wie noch im 19. Jahrhundert. Ich frage mich wieso … Es kommt aber noch viel schlimmer: England war ja selbst die längste Zeit eine politische Macht auf dem Kontinent! Die Hälfte von dem, was wir heute als Frankreich kennen, war über Jahrhunderte hinweg von englischen Königen beherrscht, und im Mittelmeerraum erstreckte sich der englische

Einfluss von Gibraltar über Malta bis nach Zypern. Viel europäischer geht es nun wirklich nicht!

Es kann also nicht überraschen, dass der europäische Kontinent für England immer von ganz großer Bedeutung war, ob das nun auf der Insel selbst gut ankam oder nicht. England und Europa bewegten sich über all die Jahrhunderte aufeinander zu und voneinander weg. Meistens geschah das sogar gleichzeitig. Politiker behaupteten dann immer das, was bei der Bevölkerung gerade besser ankam. Spin-Doktoren sei Dank. Nun kann man natürlich auch ohne solch historisches Hintergrundwissen vortrefflich über den Brexit streiten, wie der politikbegeisterte Leser vielleicht aus dem täglichen Leben zu bestätigen vermag. Mit diesem Wissen macht es aber viel mehr Spaß! Und wer weiß: Vielleicht reicht, was Sie in diesem Buch lernen, sogar für den ein oder anderen cleveren Anmachspruch?

Make history sexy again

In der heutigen Zeit scheint es keine Schande mehr zu sein, wenn man ein wenig „politikverdrossen" ist. Die Welt um uns herum ist ja auch wirklich ein „steaming pile of sh**", wie die Kollegen auf der Insel es bezeichnen würden. Geschichtsverdrossen ist die Öffentlichkeit aber zum Glück nicht! Geschichte ist heute sogar überall. Historische Romane gehören seit Jahren zu den meistverkauften Literaturgenres, Bücher wie „Game of Thrones" wurden zu Geschichten einer Generation und zur erfolgreichsten Fernsehserie unserer Zeit. Nun sind diese Bücher und Serien zwar historisch angehaucht, echte Geschichte sind sie aber natürlich nicht. Gleichzeitig hat es die „echte" Geschichtswissenschaft geschafft, die Menschen abzuschrecken und das eigene Auditorium ganz klein zu machen. Dabei kann ich durchaus nachvollziehen, warum der Durchschnittsbürger wenig Lust verspürt, sich von einem alten Professor die Welt erklären zu lassen, der geistig in den 1960er-Jahren und modisch im frühen 19. Jahrhundert hängengeblieben zu sein scheint. Das ist furchtbar schade. Die Geschichte war doch immer schon eine der zugänglichsten Wissenschaften überhaupt! Nicht ohne Grund hat kaum ein Fach so viele Hobby-Wissenschaftler wie die Geschichte. Aber gut, die sind auch wieder alle über siebzig und teilen sich das Modebewusstsein mit dem oben genannten Professor. Es bleiben ja nur die Alten! Die heutige Jugend schaut lieber aufs Handy und so. Früher war eben doch alles besser.

Dabei gibt es doch überhaupt keinen Grund, Geschichte professorenhaft-trocken zu erzählen. Schon gar nicht die gemeinsame Geschichte Englands und Europas. Denn die ist zum Wegschmeißen komisch! Die englisch-europäische Geschichte wimmelt nur so von abstrusen Gestalten, wie sie kein Fantasy-Autor besser erfinden könnte, wenn er denn wollte. Da hätten wir zum Beispiel König Johann Ohneland oder „John the Bad", der es in nur zwei Jahren schaffte, von den Franzosen fast vollständig vom Kontinent geschmissen zu werden, und dann auch noch von den eigenen Adeligen zur Unterzeichnung der Magna Carta gezwungen wurde. Autsch! Oder Heinrich VIII., der sich aus reinem Irrsinn, Übermut und persönlichen Allmachtsfantasien mit der katholischen Kirche überwarf und England damit auf den Weg zum Protestantismus brachte, ohne das selbst jemals einzusehen. Oder Königin Victoria, die sprichwörtliche „Großmutter Europas", deren – sagen wir – ambitionierte Heiratspolitik dazu führte, dass große Teile des europäischen Adels bald mit ihr verwandt waren und sogar ihre kleine Besonderheit teilten: Sie waren Bluter. Solche Anekdoten möchte ich in diesem Buch erzählen. Davon können wir zwar offensichtlich nichts lernen, aber zumindest können wir im nächsten Brexit-Streitgespräch ein bisschen mit unserem Wissen angeben. Nichts kommt so gut an wie ein Satz à la „David Cameron ist wirklich der Johann Ohneland des 21. Jahrhunderts!". Vertrauen Sie mir, damit schlagen Sie jedes Argument. Und ein besserer Anmachspruch, um das Eis zu brechen, muss auch erst mal gefunden werden.

Auf diesem Streifzug durch die Zeit steigen wir gleich im ersten Jahrhundert nach Christus ein. Denn schon unter den Römern gab es in England Aufstände gegen die europäische Zentralgewalt, die damals noch von Italien ausging (Mann, ist das lange her). Manche Dinge ändern sich eben nie. Über die Migration der Angeln, Sachsen und sonstiger Völker, die man schneller vergessen hat, als sie ihren eigenen Namen nennen konnten (ernsthaft: Wo sind die Grenzbeamten, wenn man sie mal braucht?), arbeiten wir uns vor zur ganz großen Invasion der Britischen Inseln: die der Wikinger und Normannen. Wie das daraus entstandene Großreich dann systematisch verhökert wurde, sehen wir in der Geschichte des schon erwähnten Johann Ohneland, bevor wir uns dem ganz großen Star der englischen Geschichte, Heinrich VIII., zuwenden. Mit der zweiten deutschen Invasion Englands, der der Hannoveraner, steigen wir schließlich in die jüngere Vergangenheit ein und hangeln uns über die gute Königin Victoria und den finalen europäischen Konflikt im Ersten und Zweiten Weltkrieg bis zum letzten Aufbäumen britischer Großmachtfantasien in der Suezkrise 1956. All diese Geschichten erzählen uns von der wechselhaften Beziehung zwischen England und Europa, und eines wird dabei schnell klar: So besonders ist der Brexit gar nicht. Der soll sich mal nicht so aufspielen.

Brexit, Engxit und Walexit sind nicht gleich Scoxit oder Ulstxit

Mit britischer Geschichte hat dieses Buch übrigens weniger zu tun, als es auf den ersten Blick scheinen mag. Wenn wir ganz ehrlich sind, dürfte der Brexit auch gar nicht Brexit heißen. Die Schotten und Nordiren haben ja nicht nur im Referendum anders abgestimmt als ihre englischen Mitbürger (es können ja nicht alle so behämmert sein), sie sind auch in der Geschichte vollkommen anders zu bewerten.

Daher macht es Sinn, diesem Buch eine kleine Begriffserklärung voranzustellen. Ich weiß: furchtbar langweilig. Aber vielleicht lernen Sie ja dabei etwas über die Geografie Großbritanniens!

Über weite Teile dieses Buches benutze ich den Begriff „England", wenn es um das kleine Ländchen jenseits des Ärmelkanals geht. Das hat seine guten Gründe: Die längste Zeit über ging es schlicht und ergreifend nur um das Königreich England. Vom 9. bis ins 18. Jahrhundert war das eben der große Player auf der britischen Insel. Wales und Schottland spielten, gerade für Europa, eine viel kleinere Rolle. Klar, es gab dazwischen auch schon mal eine Union Englands mit Wales, die ignoriere ich aber. Da bin ich übrigens nicht der Einzige, und wenn doch ein Waliser dieses Buch in die Hand bekommen sollte und sich nun beschwert: Erstmal wow! Das ist ja wirklich reichlich unwahrscheinlich! Zweitens: Ich bitte, es mir nachzusehen. Sie wissen ja, wenn man mit den Walisern erst mal anfängt, wo hört das dann auf? Bald wollen die Iren ihre Extrawurst, und ehe man sich versieht, steht irgendein bulliger Kerl von der Isle of Man vor der Tür und droht, einen grün und blau zu knüppeln, wenn man seiner Heimat nicht auch noch ein Kapitel widmet. Naja, vielleicht übertreibe ich auch etwas …

In der römischen Zeit und kurz danach spreche ich dann aber doch hin und wieder von „Britannien". Das war schließlich der Name der römischen Region. Ab 1707, als Schottland in die englisch-walisische Parlamentsunion eintrat, verwende ich dann auch das moderne Wort „Großbritannien". Das ist aber in Wirklichkeit ein furchtbar schwieriger Begriff. Er bezieht sich auf alles, was auf der britischen Hauptinsel liegt, also England, Schottland und Wales. Dazu kommen aber noch deren jeweilige Inseln mit unterschiedlich großer Selbstständigkeit, und schon wird die Sache wieder kompliziert. Deshalb benutze ich auch in dieser Zeit oft das Wort „England". Die Könige waren damals ja auch getrennt Könige Englands und Könige Schottlands. Und was die da oben im Norden so trieben, ist in diesem Buch selten von Belang. Das „Vereinigte Königreich" umfasst dann auch noch Nordirland, was für dieses Buch noch weniger eine Rolle spielt als Schottland oder Wales. Endlos viele Inseln und Überseegebiete wie Gibraltar gibt es dann auch noch, aber auch das kann man getrost ignorieren. Zu genau müssen wir es mit der politischen Geografie ja auch wieder nicht nehmen. Wenn es Sie wirklich interessiert, können Sie ja mal die gesamten Herrschaftstitel von Queen Elizabeth googeln. Herzlichen Glückwunsch, wenn Sie da nicht spätestens nach der Hälfte einschlafen: Sie sind der geborene Historiker. Der Elfenbeinturm wartet auf Sie.

Eine weitere – wenn auch reichlich offensichtliche – Warnung betrifft den Umfang dieses Buches. Wie Sie sich anhand seiner Dicke vielleicht schon denken können, erhebe ich keinen Anspruch auf Vollständigkeit. Niemand kann zweitausend Jahre englischer Geschichte in ein Buch packen. Und selbst wenn er oder sie das könnte, wäre es ein reichlich dummes Unterfangen. Dafür haben wir doch das Internet erfunden! Was dieses Buch stattdessen tun soll, ist eine Serie von unterhaltsamen und lehrreichen Anekdoten zu erzählen. Diese sind zwar aus hoffentlich nachvollziehbaren Gründen chronologisch gereiht und halbwegs schlüssig miteinander verbunden. Dass dazwischen trotzdem vieles ausgelassen wird, liegt aber auf der Hand. Es kann ja auch nicht jedes einzelne Jahr superspannend sein – nicht mal im verrückten England.

Aber ich erhebe nicht nur keinen Anspruch auf Vollständigkeit, vielmehr behaupte ich auch nicht, dieses Buch wäre Wissenschaft. Ganz im Gegenteil: Ich schaffe hier überhaupt kein Wissen. Ich möchte es nur vermitteln, zumindest ein bisschen. Sollten Sie also Fußnoten und Verweise vermissen, ist genau das der Grund. Stört Sie das etwa?! Dann ist es höchste Zeit für Sie, endlich diesen Mietvertrag im Elfenbeinturm zu unterzeichnen. Aber davor tauchen wir ganz unbefangen ein in die faszinierende Geschichte Englands und seines Europas. Was Sie hier lesen, verstehen Sie bitte als eine Art Brexit-Beipackzettel. Der kommt natürlich mit Risiken und Nebenwirkungen. Wie etwa die Ohrfeige, die Sie sich fast unweigerlich für den Johann-Ohneland-Anmachspruch gefangen haben.

Kapitel 1

Britannien und Rom: Aufstände gegen europäische Zentralgewalt haben in England eben Tradition

Beziehungen zwischen den Britischen Inseln und dem europäischen Festland gab es schon immer. Seit das heutige Großbritannien um 7.000 vor Christus vom Festland abgetrennt wurde – so lange ist das also noch gar nicht her! –, gab es eigentlich zu jeder Zeit mehr oder weniger rege Kontakte. Gerade die ab dem 5. Jahrhundert vor Christus vorherrschenden Kelten und ihre unendlich vielen Stämme, deren Namen man sich wirklich nicht merken muss, blieben mit ihren Verwandten auf dem Festland immer in Verbindung. Eine Einheit bildeten die vielen Keltenstämme Europas jedoch nicht. Die Unterschiede zwischen den Gruppen im Alpenraum, im französischen Gallien oder eben in Britannien waren nicht unerheblich. Während die heutigen Briten sich über die Franzosen lustig machen, weil diese sich eigenartig anziehen, komisch riechenden Käse essen und so furchtbar lustig reden, dürften die Inselkelten vor zweitausend Jahren gegen die Gallier ganz ähnliche Vorbehalte gehabt haben. Zu schade, dass sie keine schriftlichen Spuren hinterlassen haben, sonst könnten wir uns heute sicher an wunderbaren englisch-trockenen Gallierwitzen erfreuen …

Was uns Comics über Geschichte lehren

Kontakte zwischen Inselkelten und ihren Cousins auf dem Kontinent waren auch der Grund für das erste Zusammentreffen Britanniens mit einer echten europäischen Großmacht, mit Rom! In Zeiten Julius Cäsars versuchte das Römische Imperium ja, wie jedem Asterix-Leser bekannt sein sollte, Gallien einzunehmen und die dortigen Kelten zu unterwerfen. Das gelang ihnen auch um einiges besser, als die Asterix-Serie uns weismachen möchte. Oder was glauben Sie, warum die heutigen Franzosen so ein eigenartiges Ganovenlatein reden? Wahrscheinlich nicht, weil sie die Römer erfolgreich zurückgeschlagen und ihre keltischen Wurzeln verteidigt hätten. Und der Zaubertrank der Gallier war in Wahrheit wohl auch eher der Rotwein, der weniger für Superkräfte, als für gute Laune sorgte. Ich weiß nicht, wie hilfreich das im Kampf war. Derselbe Julius Cäsar, der da in Gallien sein Unwesen trieb, griff etwas später auch Britannien an. Auch das könnte aus den Asterix-Comics noch bekannt sein. Das war im Jahr 55 vor Christus, und damit beginnt die große, konfliktbeladene Geschichte zwischen der britischen Insel und dem europäischen Kontinent, die bis heute nicht enden will.

Anlass für den ersten Angriff Roms auf die Insel war die Tatsache, dass die Briten ihre gallischen Verwandten auf der anderen Seite des Ärmelkanals in deren Verteidigungskampf unterstützten. Julius Cäsar wollte die britischen Hilfslieferungen an die aufsässigen Gallier schnellstmöglich unterbinden. Darüber hinaus stellte das aber auch eine gute Ausrede dar, Britannien gleich einzunehmen. Im alten Rom war man als Feldherr ja nichts, wenn man nicht in irgendeiner Form das Imperium vergrößerte. Mehr ist immer besser! Ist man als erfolgreicher Feldherr erst einmal bekannt, kann das übrigens ganz schnell den Wechsel in die Politik bedeuten, wie ja gerade Julius Cäsar beweist. Es lohnte sich für einen Militärführer wie ihn also, auf abenteuerliche Eroberungsfeldzüge zu gehen und da gerne etwas weiter auszugreifen. Der Angriff auf Britannien stellte sich im Jahr 55 vor Christus zunächst aber als eine einzige große Enttäuschung heraus. Nachdem Cäsar mit seiner Flotte über den Kanal getuckert war, konnte er nach längerer Suche zwar ein Feldlager an der südenglischen Küste errichten, musste sich aber aufgrund von Gegenangriffen gleich wieder zurückziehen. Es stellte sich überraschenderweise heraus, dass ein Lager in einer von Klippen und Hügeln umgebenen und feindlich besetzten Bucht nicht der beste Weg war, um eine Übernahme der Insel vorzubereiten. Die britischen Stämme der Region mussten die Römer nicht mal in einer Schlacht stellen. Sie platzierten sich einfach auf den Klippen und bewarfen die glorreichen Soldaten mit Steinen ... So viel zum Militärgenie Julius Cäsar.

Für ihn selbst war die Exkursion dennoch ein großer Sieg, das muss wohl nicht sonderlich erwähnt werden. Und weil das von Cäsar selbst verfasste Buch über die Invasion so ziemlich die einzige Quelle ist, die zum ersten römischen Angriff auf Britannien existiert, stimmten ihm spätere Gelehrte in seiner Einschätzung lange zu. In der späteren englischen Geschichtsschreibung wiederum wurde die geografische Begebenheit der englischen Klippen oft reichlich übertrieben. Die „Klippen von Dover" sind so etwas wie die Grundlage einer englischen Sonderweg-Geschichte. Die Story geht ungefähr so: Wegen der Klippen und dem Wasser und so weiter ist die britische Insel nur selten eingenommen worden. Deshalb konnten sich in England die eigenen Traditionen stärker erhalten als anderswo, und das macht England letzten Endes zu einem besseren Land als andere. Das hätte der besorgte, UKIP-wählende Bürger zwar gerne, wahr ist es deswegen aber noch lange nicht.

Cäsar selbst bewies bereits, dass die mächtigen Klippen von Dover gar nicht so allmächtig waren. Nach der erfolglosen ersten Überfahrt versuchte er es im Jahr darauf nämlich gleich noch einmal. Diesmal hatte er seine Lektion aber gelernt, nahm um einiges mehr Truppen mit und suchte sich besser geeignete Lagerplätze als beim letzten Mal. Und siehe da: Nun konnte er auch gleich einige Siege gegen die Briten erringen. Er blieb aber trotzdem nicht längerfristig auf der Insel. Stattdessen sah er den zweiten Feldzug wohl als Rache und als Abschreckung, um die keltischen Stämme davon abzubringen, ihre gallischen Verwandten weiter mit Nachschub zu versorgen. Cäsar konnte das Imperium letzten Endes also doch nicht um Britannien erweitern. Aber was sollen wir von einem Feldherrn auch erwarten, der es nicht mal schafft, ein kleines gallisches Dorf voll maßlos betrun-

kener Guerillakrieger zu befrieden? Napoleon hielt Cäsar dafür noch
1.800 Jahre später für einen Versager ersten Ranges. Andererseits
war es ja nicht Cäsar, der einsam auf einer Insel im Südatlantik an
einem elenden Magenkrebs starb ...

„Können wir eine Nacht drüber schlafen?
Oder hundert Jahre?"

Die tatsächliche Eroberung Britanniens durch Rom ließ noch einige
Jahre auf sich warten – bis zu einem Zeitpunkt, an dem Gallien, Zaubertrank hin oder her, endgültig befriedet war. „Befriedet" ist wirklich ein wunderbares Wort für feindliche Unterdrückung. Britannien
konnte sich damit jedenfalls einer fast hundertjährigen Galgenfrist
erfreuen. Dazwischen hatte Rom es zwar immer wieder mal versucht,
Cäsars Werk wiederaufzunehmen, scheiterte aber stets bereits an der
französischen Küste. In einer besonders absurden Episode versagten
die Soldaten Kaiser Caligula einmal sogar das Gefolge, als dieser sie
zwingen wollte, den Ärmelkanal zu queren. Frustriert ließ er sie daraufhin Muscheln sammeln, denn Muscheln sind ja der Schatz des
Meeres. Damit war das Meer selbst quasi besiegt. Erstaunlich, aus was
die Römer so alles einen Sieg machen konnten ...

Erst im Jahr 43 nach Christus raffte sich das Römische Reich ein
weiteres Mal dazu auf, einen Angriff auf die widerspenstige britische
Insel zu wagen. Dieses Mal meinten sie es aber todernst, und sie kann-
ten sich inzwischen auch mit den Gegebenheiten vor Ort um ein
Vielfaches besser aus als noch unter Cäsar. Als Vorwand für ihre
Invasion wählten die Römer eine einfache Strategie: Sie antworteten
auf die Beschwerden eines britischen Fürsten in Südengland, eines
gewissen Verica vom Stamm der Atrebaten. Dieser Verica war den
Römern schon länger freundlich gesinnt, was seinen Nachbarn nicht
ganz gefallen haben dürfte, insbesondere den nahen Catuvellaunen
nicht. Im Jahr 43 fühlte Verica sich von diesen wohl so sehr bedroht,

dass er schnurstracks nach Rom reiste und Kaiser Claudius um Hilfe bat. Die kam dann auch gleich in Form einer geballten Invasionsarmee.

Claudius machte sich aber nicht gleich selbst auf den beschwerlichen Weg, sondern schickte einen Gesandten, um die römische Armee zu leiten. Erst als die gröbsten Schlachten gegen die widerspenstigen britannischen Stämme gewonnen waren, kam Claudius nach, um „den Rest der Insel einzunehmen" und sich als Held feiern zu lassen. Ganze sechzehn Tage war er vor Ort, um diese Meisterleistung zu vollbringen … Seinen entsandten Heerführer dürfte das alles sehr gefreut haben. Wer arbeitet nicht gerne ohne jegliche Anerkennung?

Wer übrigens denkt, so eine Invasion allein auf der Basis eines dubiosen Hilfegesuchs eines Stammesfürsten wäre heute vollkommen unmöglich, mag folgendes Gedankenspiel anstellen: Ersetzen wir doch einfach mal den Namen Verica durch Wiktor Janukowytsch, die Catuvellaunen mit Demonstranten auf dem Kiewer Maidan-Platz und Kaiser Claudius mit Wladimir Putin. Kommt Ihnen das Ganze nicht doch irgendwie bekannt vor?

Dieser neue römische Angriff erwies sich schnell um einiges erfolgreicher als noch unter Julius Cäsar. Die Römer landeten an mehreren Stellen Südenglands gleichzeitig und konnten sich dort schon nach kurzer Zeit etablieren. Viele der regionalen britischen Stammesfürsten schlugen sich mehr oder weniger rasch auf die Seite der Römer, da sie sich von einer Koalition mit der Invasionsmacht Vorteile erhofften. Oder sie waren schlicht von der militärischen Macht der Römer eingeschüchtert. Auch das ist etwas, das sich in den letzten paar tausend Jahren nicht dramatisch verändert hat. Denken Sie an die zahlreichen Gruppierungen im syrischen Bürgerkrieg, die sich mit voller Überzeugung dem IS, den USA oder Russland angeschlossen haben. Für Rom allerdings sollte die Herrschaft über Britannien schon wenige Jahre nach der Etablierung der Besatzung auf eine ernsthafte Probe gestellt werden. Was nun folgt, ist nämlich der erste britische Aufstand gegen eine europäische Zentralmacht!

Diese ungemütlichen Kelten!

Fremdherrschaft und Aufstand gehören in der Geschichte untrennbar zusammen. Das ist eine Lektion, die auch die Briten später in ihrem eigenen Empire auf die harte Tour lernen sollten. Im ersten Jahrhundert nach Christus waren allerdings sie selbst es, die den Aufstand probten. Und dieser Aufstand ist fest mit einer der ältesten Sagengestalten der englischen Geschichte verbunden: Königin Boudicca. In England wird sie heute gerne als erste Nationalheldin gesehen, und an der Westminster Bridge in London befindet sich sogar eine Statue von ihr und ihren zwei Töchtern auf einem Streitwagen. Doch außerhalb Englands ist die Person der Boudicca kaum bekannt. Höchste Zeit, das zu ändern!

Boudicca war die Königin des britischen Stamms der Icener, die zur Zeit der römischen Invasion im Gebiet des heutigen Ostanglien, also nordöstlich von London, siedelten. So weit, so gewöhnlich. Boudiccas Mann und damit König der Icener war ein gewisser Prasutagus, und der war einer der oben genannten Überläufer, die sich auffallend schnell mit der römischen Herrschaft über Britannien arrangierten. Schon im Jahr 43, also wirklich direkt nach der Landung der Römer auf den Britischen Inseln, ging er einen Vertrag mit ihnen ein. In diesem unterwarf er sich offiziell dem Imperium und durfte als von Rom geduldeter Klientelkönig weiterregieren. Nicht gerade heldenhaft, in Anbetracht der militärischen Überlegenheit der Römer aber durchaus nachvollziehbar. Es können in der Geschichte ja auch nicht alle Helden sein. Helden neigen dazu, früh zu sterben, und das ist nicht jedermanns Sache.

Ganz so einsichtig war Prasutagus' Frau jedoch nicht. Und sie sollte nicht lange warten müssen, bis sie das demonstrieren konnte. Nach dem dank seines sagenhaften Mutes natürlichen Tod des alten Königs im Jahr 60 wurde es nämlich ungemütlich für Boudicca und ihren Icenerstamm. Eigentlich hatte Prasutagus sein Land zum einen Teil seinen beiden Töchtern und zum anderen Teil dem römischen

Kaiser Nero vermacht. Er glaubte wohl, ganz clever zu sein und damit das Römische Reich freundlich stimmen zu können. Leider war das keine besonders kluge Idee, wie sich schnell herausstellte. Nun gut: Prasutagus war halt nicht nur nicht der Mutigste, sondern auch nicht ganz der Hellste. Das Römische Reich erstreckte sich zu jener Zeit, das muss man sich vor Augen halten, von Britannien bis ans Rote Meer, von Portugal bis nach Georgien. Da sollte es niemanden wirklich überraschen, dass ein Drittel des in Rom zu Recht vollkommen unbekannten Icenerkönigreichs in Ostanglien den Römern als Erbe doch etwas unangemessen erschien. Rom entschied sich jedenfalls dazu, stattdessen einfach in das Land einzufallen, die Frau und die beiden Töchter des toten Königs zu vergewaltigen, die Töchter gleich noch zu entführen und das Land von da an als ihr Privateigentum zu betrachten. Ach Rom, du Wiege der Zivilisation …

Zu diesem Zeitpunkt war die römische Herrschaft in Britannien allerdings noch immer recht frisch. Sie waren ja erst vor gut siebzehn Jahren auf der Insel gelandet, und wie jeder weiß, der in seinem Leben schon mal mit Sack und Pack in ein anderes Land gezogen ist, kann es etwas dauern, bis man sich so richtig eingefunden hat. Jetzt stellen Sie sich aber vor, Sie ziehen nicht mit einem IKEA-Lieferwagen, sondern mit einer Kriegsflotte samt Soldaten, Handwerkern und Kaufleuten um. Da braucht die Akklimatisierung halt ihre Zeit. Und das nutzte Boudicca eiskalt aus.

So eine Invasion geht nicht von heute auf morgen

Knappe zwei Jahrzehnte nach ihrer Ankunft in Britannien waren die Römer dort also bestenfalls halb etabliert. Im Südosten vermochten sie zwar relativ schnell Fuß zu fassen. Weiter in Richtung Norden und Westen sah die Sache aber ganz anders aus. In Wales konnten sich zum Beispiel noch sehr lange rebellische Keltenstämme halten, und auch den Norden Englands konnten die Römer nicht so schnell einnehmen, wie ihnen das vielleicht lieb gewesen wäre. Bis heute ist der Norden das Sorgenkind Englands, es kann also nicht wirklich überraschen. Von Schottland, das in den nächsten Jahrhunderten ein ganz anderes Problem für die Römer werden sollte, reden wir hier noch gar nicht. Doch auch im Süden und Osten konnte keine Rede davon sein, dass die Römer einfach aufgetaucht wären, alle britischen Einwohner in einer einzigen großen Schlacht besiegt und das Land von da an zentral von Rom aus regiert hätten. So etwas ist ja nicht einmal heute möglich: Jeder deutsche Politiker, der versucht, in Berlin ein Gesetz für Bayern durchzubringen, kann davon ein Lied singen. Was das Römische Reich stattdessen tat, war, sich mit den britischen Stämmen in Britannien einzeln zu arrangieren.

Neben den Atrebaten des alten Verica, ihren Konkurrenten, den Catuvellaunen, und den Icenern, die wir ja schon kennengelernt haben, gab es auf der Insel zahlreiche andere Stämme. Die trugen so einprägsame Namen wie Trinovanten, Silurer, Carvetier, Durotrigen oder Briganten. Und da rege sich einer über die Kleinstaaterei auf dem heutigen Balkan auf … Einige dieser Stämme stellten sich den Römern tatsächlich in den Weg und wurden sodann einer nach dem anderen in der Schlacht geschlagen, etwa die Catuvellaunen, was unserem guten Freund Verica sicher viel Freude bereitet hat. Anderswo begaben sich Stämme wie die Icener eben in mehr oder weniger freiwillige römische Untertanenschaft. Das Wort „freiwillig" sollte man hier allerdings mit Vorsicht genießen. Es meint nicht die Bereitschaft, wenn man einem guten Freund beim Umzug hilft. Es geht eher darum, dass man plötzlich 20.000 bewaffnete Italiener vor der Haustür stehen hat, die wenig höflich um Einlass bitten.

Take back control!

Zurück zu Boudicca im Jahr 60 nach Christus. Wie war ihre Situation zu dem Zeitpunkt? Nun, sie hätte besser sein können. Ihr Mann war tot, Rom fiel in ihr Königreich ein, ihre Töchter wurden vergewaltigt und entführt, sie selbst blieb zutiefst gedemütigt, verwitwet und obendrein von ihren Kindern getrennt zurück. Keine besonders vielversprechende Ausgangslage für die Königin. Aber zum Glück war sie nicht die einzige, die sich von den Römern auf den Schlips getreten fühlte. Auch der Nachbarstamm der Icener, die Trinovanten aus dem heutigen Essex, waren von den Invasoren in der Vergangenheit reichlich brüskiert worden. Kaiser Claudius hatte sie nach seiner Landung sogar aus ihrer Hauptstadt Camulodunum, dem heutigen bemerkenswert unsehenswerten Colchester, vertrieben, um daraus ein Lager für seine Legion zu machen. Nach feiner römischer Art konfiszierte er auch gleich das Land um die Stadt und versklavte die Einwohner. Nach seinem Tod errichteten die Römer dann zu allem Überfluss noch einen Tempel zu seinen Ehren in Camulodunum. Denn ja, er wurde gleich nach seinem Tod als Heiliger verehrt. Wieso auch nicht? Wenn man schon einen Mehrgötterglauben verfolgt, kann man auch gleich die eigenen Kaiser heiligsprechen. Und die versklavten Trinovanten der Region durften dann dem neuen Gott Claudius huldigen, dem Claudius, der sie aus ihrer Hauptstadt verjagt und zu Sklaven gemacht hatte. Das klingt doch nach einem vernünftigen Kompromissvorschlag. Ich weiß wirklich nicht, worüber sich die Trinovanten damals so aufregten …

Im Jahr 60 erreichten diese Ereignisse schließlich ihren Höhepunkt. Boudicca und ihre Partner schätzten die militärische Lage richtig ein. Das Herrschaftsnetz der Römer in Britannien war noch nicht sehr eng gewoben und baute auf der ständigen Präsenz römischer Truppen auf. Der größte Teil dieser Truppen, sonst im Gebiet der Icener und Trinovanten stationiert, war in diesem Jahr nicht anwesend. Die Legionäre befanden sich in Wales, um einen dort ansässigen Rebellenzufluchtsort zu zerschlagen und ein paar Druiden niederzumachen. Denn wir sollten nicht vergessen: Die Unterwerfung von Völkern war ein beliebtes Hobby der Römer, und gute Gelegenheiten will sich niemand entgehen lassen. Vor allem wenn es sich um so beängstigende Feinde wie Druiden handelt: irgendwelche alten Männer, die Bäume huldigen und Zauberkräuter rauchen. Die Römer suchten sich wirklich stets die mächtigsten Feinde aus. In Reichweite der Icener und Trinovanten war währenddessen nur eine einzige Einheit stationiert, die Neunte Legion in der Nähe Londiniums. Wird schon nichts passieren, bis die Truppen aus Wales zurückkommen!

Boudicca sah das freilich anders und konnte schnell eine bemerkenswerte Zahl an kampfeswilligen Briten für einen Aufstand gegen die Römer zusammentrommeln. Neben den Icenern und Trinovanten schlossen sich ihr auch Mitglieder unterschiedlicher kleinerer Stämme der Region an, sodass Boudiccas Truppe schnell auf mehrere Tausend Mann anwuchs. Ziel war es für viele der Teilnehmer nicht unbedingt, die Römer vernichtend zu schlagen und von der Insel zu vertreiben. Das wäre doch einigermaßen optimistisch gewesen, selbst für Boudicca. Stattdessen erhofften sich die Aufständischen, sich aus der demütigenden Abhängigkeit von den Römern befreien zu können oder einfach anderswo einen Ort zu finden, an dem sie von den Römern unbehelligt leben konnten. Doch auch wenn nicht alle teilnehmenden Kelten eine harte Konfrontation mit den Römern wollten, sollten sie genau diese bekommen.

„Hey, Moment mal … was machen die denn da?!"

So zogen die vereinten Stämme der Briten unter Königin Boudicca los, und das erste Ziel – wie sollte es anders sein – war die Stadt Camulodunum, die die Römer einige Jahre zuvor von den Trinovanten annektiert und inzwischen zu einer Veteranenkolonie umgestaltet hatten. Eine Veteranenkolonie war so etwas wie eine Stadt, die aber auch als Militärstützpunkt genutzt wurde. Wieso es daneben auch noch Municipia, Vici, Castra und so weiter gab, kann Ihnen allenfalls Jupiter erklären. Camulodunum diente den Römern damals aber auch als ihre Hauptstadt in Britannien, wenngleich immer mehr wichtige Beamte bereits in London saßen. Dank der Abwesenheit der römischen Truppen aus der Gegend war Camulodunum zu diesem Zeitpunkt nahezu ungeschützt. Nur knapp zweihundert mehr schlecht als recht bewaffnete Legionäre saßen herum und starrten Löcher in die Luft. Was sollte auch passieren in dieser ruhigen Ecke der Provinz? Als sie die Tausendschaft an Briten herankommen sahen, dürften sie sich doch etwas gewundert haben. Das Staunen hielt nicht lange an: Boudiccas Truppen stürmten die Stadt, zerstörten alles, was ihnen in den Weg kam, und richteten die gesamte Einwohnerschaft, Soldaten wie Zivilisten, hin. Das war wohl der erste Moment, an dem sich die römischen Besatzer Britanniens dachten: „Hey, Moment mal … was machen die denn da?!"

Aber zum Glück Roms gab es noch die mächtige Neunte Legion in London. Die machte sich umgehend auf den Weg, um den aufsässigen Stämmen eine gehörige Lektion zu erteilen. Sie sollte die Briten bei Camulodunum stellen und ihnen ein für alle Mal zeigen, wer auf der Insel jetzt das Sagen hatte. So richtig geklappt hat das leider nicht für die guten Römer. Stattdessen wurden ihre Truppen von der britischen Übermacht in einer chaotischen Schlacht regelrecht auseinandergenommen. Ohne ihre gewohnte, geordnete Truppenaufstellung auf einem planbaren Terrain hatten die Römer der numerischen Übermacht ihrer Gegner nichts entgegenzusetzen. Viele römische Soldaten wurden in der Schlacht getötet, und der klägliche Rest zog sich in den Norden zurück, wo er sich kampfunfähig in einem Lager verschanzte. Der römische Procurator, so eine Art lokaler Finanzminister, floh gar aus London nach Frankreich, um der heranrückenden Horde zu entkommen. Wahre Helden, diese Bürokraten!

Nach diesem aufsehenerregenden Sieg wuchs Boudiccas Truppe auf fast 80.000 Mann an, und diese gigantische Armee zog nun tatsächlich weiter in Richtung Süden. Das kennt man ja: Erst sind sie alle kritisch und halten sich raus, wenn dann aber die ersten Erfolge kommen, wollen alle von Anfang an dabei gewesen sein. Was zu Zeiten der Römer so war, ist heute nicht anders. Oder wie viele Ihrer Freunde hatten ihre Vollbärte schon, lange „bevor es cool war"? Die Armee Boudiccas überrannte auf dem Weg nach Süden erst einmal das verteidigungslose Verulanium, heute St. Albans in der Nähe des Nord-Londoner Flughafens Luton (ein furchtbarer Ort, wie man hört), und töteten auch dort alle noch lebenden Mitglieder des mit Rom verbündeten lokalen Stamms. Kurz danach fielen Boudicca und ihre Verbündeten in London selbst ein, das ebenfalls ohne Verteidigung dastand. Vielleicht war die Flucht des Procurators doch keine so schlechte Idee …

Ziemlich gute erste Wochen für den Aufstand der Boudicca jedenfalls. Trotz aller Sympathie für den britischen Underdog sollte man aber die Grausamkeit dieses Feldzugs nicht kleinreden. An die 70.000 Römer und mit Rom verbündete Kelten sollen in den drei von Boudicca eroberten Orten getötet worden sein. Viele davon waren Zivilisten – nicht, dass das zu jener Zeit eine große Rolle gespielt hätte. Doch lange ließen sich die römischen Besatzer das nicht gefallen, und ihre Rache sollte nicht weniger blutig sein.

„Rom setzt zum Gegenangriff an" – den Satz hört man nicht gerne

Drei eingenommene und vollkommen zerstörte römische Städte und eine geschlagene Garnison lagen nun also hinter Boudicca und ihren inzwischen ziemlich zahlenstarken Truppen. Doch geschlagen war Rom noch lange nicht. Denn die ach so beängstigenden Druiden in Wales waren inzwischen besiegt und die Römer hatten wieder freie

Legionen zur Verfügung. Sofort ließ ihr Feldherr Suetonius Paulinus, der auch Statthalter und damit höchster Beamter Roms in Britannien war, die Legionen nach Osten marschieren. Er wusste natürlich, dass die Aufgabe nicht ganz so einfach werden würde, wie die Druiden in Wales niederzuschlagen. Immerhin handelte es sich bei Boudiccas Truppen um gut 80.000 Mann, während die beiden römischen Legionen vielleicht auf 10.000 kamen. Suetonius baute darauf, den Briten in einer offenen Schlacht zu begegnen, um sie mit der überlegenen Taktik der römischen Truppen zu bezwingen. Überzeugt von den eigenen Errungenschaften und ihrer militärischen Klugheit waren die Römer ja schon immer.

Ganz falsch lag der gute Suetonius mit dieser Einschätzung übrigens nicht. Die Briten Boudiccas waren zwar zahlenmäßig stark, hatten aber keinerlei einheitliche Führung. Das Heer bestand ja aus einem wild zusammengewürfelten Haufen von Kriegern unterschiedlicher Stämme und zog zu allem Überfluss auch noch mit deren ganzen Familien durchs Land. Den Kriegern fuhr also ständig eine Kolonne von Wagen hinterher, in denen die Frauen und Kinder der Truppe saßen und zusahen, was die Familienoberhäupter da so trieben. Während die zwei Legionen der Römer nun also nach Osten zogen, bewegte sich Boudicca mit ihrer Truppe nach Westen, um sie zu dort treffen. Blöderweise schaffte sie es aber, sich von Suetonius den Kampfort vorgeben zu lassen. Und zwar einen, der genau nach seinem Geschmack war: eine offene Ebene, umgeben von Schluchten und Wäldern, ohne Platz für einen Hinterhalt.

Genau wie in Braveheart, aber wirklich genau

Wo die entscheidende Schlacht zwischen Boudiccas Briten und den römischen Truppen stattfand, lässt sich heute nicht mehr exakt sagen. Sicher ist, dass es irgendwo entlang der Römerstraße Watling Street in den englischen Midlands zur Begegnung kam. Eigentlich bemerkenswert, dass Archäologen die Stelle immer noch nicht gefunden haben, bei all den Knochen, die da rumliegen müssen. Die Römer stellten sich jedenfalls wie von Suetonius geplant auf der einen Seite des Schlachtfeldes auf, hinter ihnen der Wald, sodass sie keinen Hinterhalt fürchten mussten. Nach römischer Manier standen die Fußtruppen zentral und eng beieinander, umrandet von Hilfstruppen und Reitern. Die Briten auf der anderen Seite der Ebene waren aufgrund ihrer zahlenmäßigen Überlegenheit wohl recht siegessicher und standen in keiner festen Formation. Ein bisschen können Sie sich diese Schlacht vielleicht vorstellen wie in Braveheart. Sie wissen schon, als die wilden Schotten gegen das englische Heer anrannten und entgegen jeder Wahrscheinlichkeit durch clevere Taktik den Sieg davontrugen. In unserer Geschichte sollten die sympathischen Underdogs allerdings nicht siegen. Ohnehin waren die Briten mit der achtfachen Menge an Kämpfern im Vergleich zu ihren Gegnern keine Underdogs. Und die Römer hatten anders als die Engländer im Film keine Langbögen und auch sonst eine vollkommen andere Strategie. Aber abgesehen davon war es wirklich genau wie in Braveheart!

Laut dem Bericht des römischen Historikers Tacitus, also zugegebenermaßen nicht gerade unparteiisch, rannten die Briten zu Beginn der Schlacht wie wild auf die Römer los. Diese blieben aber einfach stehen und warteten erst mal ab. Als die heranstürmenden Briten dann nahe genug herangekommen waren, attackierten die Römer mit ihren Wurfpfeilen und rückten geschlossen vor. Als schließlich von der Seite auch noch die Hilfstruppen und Reiter auf die Briten losgingen, verließ diese endgültig der Siegesmut, und sie wollten sich zur Flucht kehren. Dort versperrte ihnen nun aber ihr eigener Tross den Weg, und als Resultat wurden die Truppen Boudiccas von den Römern regelrecht hingerichtet. Die Frauen und Kinder durften das alles von ihren Wagen aus beobachten. Fast alle 80.000 britischen Krieger starben auf dem Schlachtfeld, die römische Armee verlor hingegen gerade einmal vierhundert Mann, und weitere vierhundert wurden verletzt, wobei ich dem lieben Tacitus hier eventuell etwas Untertreibung unterstellen würde.

Wie auch immer: Das war keine einfache Niederlage für Boudicca, das war eine vollkommene Zerstörung. In der Geschichte fällt einem tatsächlich kaum eine Schlacht ein, die so eindeutig ausgegangen wäre – außer vielleicht das 7 : 1 der Deutschen gegen Brasilien in der Fußball-WM 2014. Das war wirklich ein Gemetzel ... Boudicca nahm sich nach der vernichtenden Niederlage wohl selbst das Leben. Einem anderen Bericht zufolge starb sie an einer Krankheit. So oder so: ein ruhmloses Ende für das erste Idol der englischen Geschichte und ein totaler Sieg für die europäische Großmacht. Europa 1, England 0, wenn man so will. Laut einer Legende ist Boudicca übrigens unter dem heutigen Gleis 8 des Londoner Bahnhofs King's Cross begraben. Das können Sie sich bei Gelegenheit ja mal anschauen. Nebenan zwischen Gleis 9 und 10 ist eh immer so viel los, und von Harry Potter begeisterte Jugendliche laufen mit voller Begeisterung in Wände. Da ist das sicher entspannend.

Von hier an geht's aufwärts!

Die Folgen dieses Aufstandes gegen die Herrschaft Roms über Britannien waren trotz dieser totalen Niederlage nicht zu unterschätzen. Den Icenern und Trinovanten brachte es erwartungsgemäß erst mal wenig Glück. Suetonius regierte in den Folgejahren mit eiserner Hand und bestrafte die beiden Stämme bei jeder Gelegenheit. Das ging so weit, dass Kaiser Nero ihn sogar absetzen ließ, um für Frieden auf der britischen Insel zu sorgen. Aber zumindest hatte Suetonius gewonnen. Ich will mir gar nicht vorstellen, was für ein schlechter Verlierer er erst gewesen wäre! Zusätzlich zu den Strafmaßnahmen der Römer hatten die Icener auch noch mit hausgemachten Krisen zu kämpfen. Ein großer Teil des Stamms war ja im Aufstand gefallen, und der Rest litt Hunger, da in dem Jahr ja auch nichts geerntet worden war.

Doch auch auf römischer Seite hinterließ der Aufstand deutliche Spuren. Den römischen Legionen auf der Insel saß der Schock der Revolte noch jahrelang in den Knochen, und es gab für gut zehn Jahre keine neuen Feldzüge in Richtung Norden oder Westen. Es dauerte tatsächlich eine ganze Weile, bis die Römer in Britannien ihr Mojo, ihr Glück wiederfanden und sich weiter auf der Insel breitmachten. Freilich nur, um dort von einem neuen Haufen aufmüpfiger Kelten begrüßt zu werden. In Schottland etwa. Doch das ist eine ganz andere Geschichte, und dort sollten die Römer auch um einiges weniger Glück haben als im Süden. Die Tatsache, dass man heute noch den Hadrianswall besuchen kann, gibt Ihnen einen Hinweis darauf, wie genau das dort oben für die Römer so gelaufen ist.

Boudicca war trotz allem näher dran gewesen, die Römer endgültig aus Britannien zu vertreiben, als sie es sich in ihren kühnsten Träumen erhofft hätte. Der oberste Finanzverwalter Roms war bereits abgehauen, und angeblich hat Kaiser Nero zeitweise überlegt, sich komplett aus Britannien zurückzuziehen, anstatt sich mit solchen Massen aufständischer Briten herumzuschlagen. Dazu ist es dann aber bekanntlich nicht gekommen, und die Römer blieben noch fast vierhundert Jahre lang auf der britischen Insel. Die Eroberung des Landes lief jedoch weiterhin eher schlecht als recht. Die alten keltischen Widerstandsnester in Wales, Schottland und später auch Irland bekam Rom nie wirklich in den Griff. Ich würde mal behaupten, dass es mit anderem Schuhwerk als Sandalen in den schottischen Highlands besser gelaufen wäre, aber das ist natürlich reine Spekulation. Irgendwann setzten die Römer sich einfach in der Landenge zwischen Edinburgh und Glasgow fest und behaupteten, das dahinter sei ja quasi eh schon eine andere Insel. Somit steht die gesamte britische Insel unter römischer Kontrolle und basta! Auftrag ausgeführt! Wie gesagt: Die Römer konnten wirklich aus allem einen Erfolg machen. Noch ein bisschen später gaben sie dann auch diese Stellungen auf und zeigten sich mit dem viel weiter südlich gelegenen

Hadrianswall als Nordgrenze zufrieden. Wie sich die Erwartungen mit den Zeiten ändern können!

Zum Zeitpunkt der Eroberung Britanniens hatte Rom seinen Zenit ohnehin schon fast erreicht, und bald darauf wurde ihre Herrschaft über das Land auch schon wieder schwächer. Ab dem Jahr 250 häuften sich dann die Angriffe aus Schottland und Irland so sehr, dass sich die römischen Besatzer langsam zurückziehen mussten. Das heißt nun aber nicht, dass sie keine Spuren hinterlassen hätten. Ein, zweihundert Jahre nach der Landung der Römer waren große Teile der keltisch-britischen Stämme latinisiert. Die Menschen sprachen neben keltischen Dialekten nun auch Latein, wohnten in Villen römischen Baustils und fanden sich auch sonst ganz gut mit der römischen Herrschaft ab. Ein Besuch in der Stadt Bath zeugt heute noch von diesem Lebensstil. Anders als in Gallien, wo die keltische Bevölkerung so stark latinisiert wurde, dass Keltisch bis auf wenige Landstriche bald ausgestorben war, hat sich die lateinische Sprache in England aber nur sehr bedingt erhalten. Woran mag das wohl liegen? Vielleicht an der nächsten großen Invasion, dem ersten deutschen Einfall in England? Oh ja, für die armen Inselbewohner war es mit den Römern noch lange nicht getan!

Kapitel 2

Von Angeln, Sachsen, Friesen, Jüten und anderen typischen Engländern

Römische Besatzung – schön und gut. Das aber macht England noch nicht zu etwas Besonderem. Fast ganz Europa stand irgendwann einmal unter römischer Kontrolle, bemerkenswert ist eher, wenn ein Land nicht von dieser eigenartigen süditalienischen Stadt eingenommen wurde. Die römische Vergangenheit kann uns daher nur sehr bedingt helfen, das Land hinter dem Ärmelkanal zu verstehen. Das heutige England hat mit den Römern nicht mehr allzu viel gemein. Jeder, der auf der Insel schon einmal ein „italienisches" Restaurant besucht hat, kann sicher bestätigen, wie authentisch römisch es dort zugeht. Doch auch die britischen „Ureinwohner", die Kelten, haben im Grunde kaum Spuren hinterlassen. Außerhalb von Cornwall, Wales, Nordirland und Schottland ist die keltische Sprache nicht einmal mehr in den Ortsnamen erkennbar. All das hat einen einfachen Grund: Bald nach dem Abzug Roms aus England stellte eine ganz neue Einwanderungswelle alles bis dahin Gesehene in den Schatten und radierte die Überreste älterer Kulturen fast vollständig aus. Damit sind wir auch schon beim ersten deutschen Einfall in England: Die Angelsachsen kommen!

Hat die an der Grenze wirklich niemand gefragt, woher sie kommen?

Die Angelsachsen haben England ganz gewaltig ihren Stempel aufgedrückt. Im englischen Sprachgebrauch ist es sogar immer noch üblich, von der gesamten englischsprachigen Welt als den „Anglo-

Saxons" zu reden. In den USA hat sich das Akronym „W.A.S.P." für weiße, angelsächsischstämmige Protestanten (White Anglo-Saxon Protestants) etabliert, um die „ursprünglichen" Einwanderer des Landes zu bezeichnen. Auch ein guter Move: So stellen sich diese W.A.S.P.s ganz nebenbei als die „Ureinwohner" der USA hin. Die tatsächlichen Ureinwohner ignorieren sie dabei wie üblich. Man muss ja nicht gar so viel Aufmerksamkeit auf die eigene genozidale Vergangenheit lenken … Und noch viel wichtiger: Man hebt sich von so niederen Kreaturen wie den Iren oder gar Italienern ab! Aber wer waren die eigentlichen Angelsachsen überhaupt, die da im Mittelalter die britische Insel stürmten? Nun, diese Frage ist überraschend schwer zu beantworten. Nach heutigen Standards würden wir sagen, sie waren Deutsche. Bevor sie später nach England kamen, siedelten sie auf dem Gebiet des heutigen Deutschlands. Aber das ist zu kurz gegriffen.

Das Problem ist folgendes: Mit dem Abzug Roms aus Britannien nehmen – wie auch auf dem Kontinent – die schriftlichen Quellen massiv ab. Genau zu bestimmen, wer da ins Land kam, ist also schwierig. Die Römer waren bekanntlich geradezu besessen davon, alles schriftlich festzuhalten, was sie so anstellten. Und auch wenn davon heute große Teile nicht mehr vorhanden sind, können wir uns vom Verlauf der römischen Geschichte und den einzelnen Zeitabschnitten doch ein ganz gutes Bild machen. Die „Barbaren", die außerhalb der Grenzen des Römischen Reichs siedelten, waren in der Hinsicht eher etwas nachlässig. Gerade von den Germanen ist wenig Schriftliches zu finden, und wenn, ist es kaum hilfreich. Es gab zwar immer wieder mal Runenfunde in Nordeuropa, aber zu einer richtigen Alltagskommunikation wurden diese wohl nie benutzt. Sie können sich sicher vorstellen, wie viel uns solche Texte dann über das tatsächliche Leben der Angelsachsen verraten, wenn sie nur für offizielle Zwecke von den Obersten der Gesellschaft benutzt wurden – so gut wie gar nichts. Das ist so, als würde ein Historiker der Zukunft das Tagebuch Theresa Mays lesen, um zu verstehen, wie es der Arbeiterschaft im England der 2010er-Jahre so ging.

Wir können also nicht wirklich sagen, wer genau da im Mittelalter nach England einwanderte. Die Völker, über die wir hier reden, wussten es ja nicht mal selbst. Wir reden schließlich über eine Zeit, in der sich in Europa viel bewegte – im wortwörtlichen Sinne. Als ich zur Schule ging, nannte man das, was damals vor sich ging, noch „Völkerwanderung", heute spricht man wahrscheinlich von den „Migrationsströmen des frühen Mittelalters" oder sowas. Die Political Correctness nimmt uns in der Geschichtswissenschaft noch jeden Spaß. Fakt ist, dass damals auf dem Kontinent zahllose kleinere und größere Grüppchen an Angeln, Sachsen, vor allem aber an Goten, Langobarden, Franken und weiß Gott was herumwanderten und es dabei dem europäischen Superstaat der Zeit, immer noch dem Römischen Reich, wenn auch inzwischen nur noch seinem Westteil, schwermachten.

Das war ohnehin eine Zeit, in der Rom sich nach Jahren der ziellosen Expansion auf dem absteigenden Ast befand und sich immer wieder konkurrierende Kaiser gegenseitig an die Gurgel gingen. Die herumwandernden Barbaren wurden von römischen Machthabern mit der Zeit immer öfter in den Grenzgebieten angeworben, um dort für Sicherheit zu sorgen. Die Zentralmacht konnte das schlicht nicht mehr aus eigener Kraft. Diese Söldner, sogenannte Foederaten, traten also vielerorts in einen Vertrag mit dem Reich ein und siedelten sich dann in den Grenzregionen an. Die meisten Historiker gehen davon aus, dass sich diese Geschichte in einer ähnlichen Form auch in England abgespielt hat. Etwa ab dem 5. Jahrhundert dürften dort die ersten Barbaren, eben die vorher in Deutschland ansässigen Angelsachsen, angeheuert worden sein. Klar, England war ja auch eine Grenzregion des Römischen Reiches, da ist die Idee nicht so abwegig.

Leider hilft uns diese Erkenntnis überhaupt nicht dabei, genauer zu definieren, wo diese Leute denn nun herkamen. An der Grenze hat sie damals offensichtlich niemand gefragt, und auch sonst gibt es keine zuverlässigen Quellen. Zu einem Teil dürfte es sich tatsäch-

lich um Angeln und Sachsen gehandelt haben. Surprise, Surprise …
Die Sachsen waren den Briten damals schon bekannt. Sie trieben
nämlich schon seit längerer Zeit als Piraten auf dem Ärmelkanal ihr
Unwesen. Als eines der relativ großen germanischen Völker der Zeit
besiedelten sie in jenen Jahren das heutige Niedersachsen und Teile
Westfalens. Das heutige Sachsen hat mit den Sachsen dieser Zeit
dagegen gar nichts zu tun. In der Geschichte kann man sich wirklich auf nichts verlassen. Die Angeln hingegen kamen wahrscheinlich aus dem heutigen Schleswig. Dort gibt es immer noch eine Gegend
namens Angeln, zwischen Kiel und Flensburg gelegen. Kein schlechter Hinweis – da hätte man auch ohne teure wissenschaftliche
Exkursionen, archäologische Ausgrabungen und Ortsnamenkunde
draufkommen können …

Wie auch immer: Die Angeln und Sachsen waren mit Sicherheit
nicht die einzigen, die im frühen Mittelalter nach England kamen,
auch wenn ihre Namen noch am ehesten bekannt sind. Die Situation auf dem europäischen Kontinent war während der Völkerwanderung sicher nicht sonderlich gemütlich. Da mag eine Stelle als Foe-
derat im behaglichen Britannien für viele Völker attraktiv gewesen
sein. Einige Verbände an Friesen waren mit großer Wahrscheinlichkeit auch mit von der Partie. So gibt es in Kent in Südostengland
noch immer einen Ort namens Freezingham, was doch recht eindeutig darauf hindeutet, dass Friesen dort gelebt haben könnten.
Oder der örtliche Supermarkt hat eine außerordentlich gute Auswahl
an Tiefkühlpizzas, wer weiß. Letztendlich ist auch möglich, dass Jüten
aus dem heutigen deutsch-dänischen Grenzgebiet unter den Siedlern waren. Immer wieder wurde auch behauptet, Franken seien
unter den Foederaten gewesen, aber dafür gibt es keinerlei Beweise.
So macht Geschichte Spaß: Keine Beweise für nichts! Aber versuchen wir es trotzdem mal: Wie könnte es denn nun zur Anheuerung
all dieser „deutschen" Völker, der späteren Angelsachsen, als Foederaten in England gekommen sein?

Voraussetzungen für den Job: Flexibilität, Teamgeist und … Loyalität?

Die Angeln, Sachsen, Friesen und so weiter waren nun sicher nicht die höflichsten Zeitgenossen. Ganz uneingeladen kamen sie aber trotzdem nicht nach England. Sie wurden als Foederaten angeheuert, und so ist anzunehmen, dass es einen Arbeitgeber gab. Das waren in England aber, anders als auf dem Kontinent, nicht mehr die Römer selbst, sondern die Kelten. Für die begann das Dilemma nämlich schon vor dem Ende des Römischen Reichs, in den ersten Jahren des 5. Jahrhunderts. Da ließ der römische Kaiser Honorius alle römischen Legionen aus Britannien abziehen. Das hatte damit zu tun, dass zu der Zeit immer mehr Probleme in anderen Teilen des Reichs auftraten, wo die Soldaten dringender benötigt wurden als im fernen und langweiligen Britannien. Wie gesagt, Rom war eben im Abstieg begriffen. Den Abzug aus Britannien wollte Honorius aber als eine vorübergehende Maßnahme verstanden wissen. Nun, das kommt einem bekannt vor: Ist eine politische Maßnahme nicht ganz ohne Widerstand umsetzbar, behaupten Politiker auch heute gerne, sie wäre nur vorübergehend. Genau aus diesem Grund ist die Wehrpflicht in Deutschland auch „ausgesetzt", nicht abgeschafft, und genau deshalb gibt es immer noch keine gemeinsame Schuldenhaftung in der EU, sondern die Mitgliedsstaaten „einigen" sich jedes Mal wieder auf ein neues Rettungspaket für Griechenland. Wie heute war die Idee der vorübergehenden Maßnahme schon im alten Rom reine Propaganda, und die Soldaten kamen nie mehr zurück.

Es brannte ja auch wirklich an allen Ecken und Enden des Reiches. Allerorts strömten Barbaren über die Grenze, teils um zu plündern, teils um sich dauerhaft anzusiedeln. Das Imperium hatte diesem Ansturm kaum noch etwas entgegenzusetzen. Zu sehr war die Staatsgewalt ausgehöhlt durch Jahrhunderte der endlosen Expansion. Und die Ansiedlung der Barbaren als Grenzschützer hat der Sicherheit des Reichs wohl auch nicht sonderlich gedient. Eigentlich hätte man sich das denken können: Die Cousins der bösen Germanen hinter der Grenze als Grenzschützer anzuheuern, war schon ein wirklich behämmerter Plan. Und so kam es, wie es kommen musste. Schon zwei Jahre nach dem Abzug Roms aus Britannien wurde die Hauptstadt des Imperiums selbst von den Westgoten erstürmt. Da dürfte es den ersten gedämmert haben, dass es wohl nicht so gut ums Reich stand. Die angeheuerten Söldner wurden langsam selbst zu den Herren. Auch das gibt es übrigens heute noch. Der aktuelle Ministerpräsident Bulgariens, Bojko Borissow, war beispielsweise vorher Bodyguard des kommunistischen Staatschefs Schiwkow. Insgesamt scheint das also eine gute Taktik zu sein.

In Britannien selbst war die Lage nach dem Abzug Roms nicht viel prickelnder als in Rom selbst. Auch hier gab es schon seit langer Zeit Einfälle von außen. Neben den bekannten Wilden aus dem Norden – den Pikten und Skoten im heutigen Schottland – wimmelte es wie gesagt im Ärmelkanal von Piraten. Mit dem Abzug der römischen Truppen wurde die Sache für die verbliebenen britischen Kelten schnell gefährlich. Die städtische Bevölkerung war inzwischen stark an das Leben im Römischen Reich angepasst. Die Städte waren nach römischem Vorbild gestaltet, mit römischen Landstraßen untereinander verbunden, und die Hafenstädte waren auf den Handel mit Rom und anderen römischen Provinzen ausgerichtet. Und natürlich kam von Rom auch Geld ins Land! Britannien war immerhin eine Grenzregion, die musste von Rom finanziell unterstützt werden. Die armen romanisierten Kelten, die nach dem römischen Abzug nun in den Städten zurückblieben, hatten daher mit, sagen wir mal, ein paar Problemchen zu kämpfen. Soll heißen: Ihr gesamtes Leben wurde über Nacht auf den Kopf gestellt und von allen Seiten drohten tödliche Gefahren. Wie gesagt: ein paar Problemchen eben.

In den Städten Britanniens übernahmen zu der Zeit örtliche keltische Herrscher die Kontrolle von den Römern und versuchten, so gut es eben ging, ihr gewohntes Leben weiterzuführen. Sie führten die römische Verwaltung weiter und bewahrten sogar die lokalen christlichen Gemeinschaften. Bei ihrem größten Problem, der Verteidigung, kamen viele dieser Herrscher im Laufe des 5. Jahrhunderts auf die alles entscheidende Idee. Diese sächsischen Piraten im Ärmelkanal waren zwar äußerst unangenehme Zeitgenossen, aber sie waren immer noch Piraten! Und Piraten interessieren sich – wie jeder, der mal Fluch der Karibik gesehen hat, weiß – nur für eines: Beute. Die britisch-keltischen Machthalter boten den Sachsen also an, sie gut zu bezahlen, wenn sie sich als Söldner in Britannien ansiedelten, um die dortigen Orte und Städte gegen Pikten, Skoten und sonstige Barbarenhorden zu verteidigen. Natürlich waren die Sachsen auch Barbaren, aber in schwierigen Zeiten kann man nicht so penibel sein.

Wie genau das in den folgenden Jahrzehnten dann ablief, wissen wir leider nicht. Es fand sich wohl niemand, der die Ereignisse als wichtig genug empfand, um sie niederzuschreiben. Damals gab es eben noch keine aufmerksamkeitshungrigen Blogger, die alles und jedes dokumentieren, was sie auf der Straße so erleben. Um die hundert Jahre später setzen die Quellen langsam wieder ein. Man kann davon ausgehen, dass zu dem Zeitpunkt weite Teile Südenglands und vor allem die Region entlang der Themse von den Neuankömmlingen vollständig kontrolliert wurden. Wie konnte das geschehen? Wie viele Söldner tauchten da in Britannien auf? Wie konnten sie die alte Bevölkerung so schnell übertreffen und das Land unter ihre Herrschaft bringen? Wir wissen es nicht genau. Vielleicht fragen wir mal Bojko Borissow?

Die Legende von Hengest und Horsa: irgendwie unglaubwürdig, oder?

Nun weiß jeder, der ab und zu in die Kirche geht, dass da, wo es keine gesicherten Fakten gibt, Mythen und Legenden blühen. So auch bei der Ankunft der Angelsachsen in England. Meist sind solche Erzählungen leicht zu entkräften. Sie stimmen einfach nicht mit den heutigen wissenschaftlichen Erkenntnissen überein. Nehmen wir nur mal die Arche Noah als Beispiel. Die Geschichte ist freilich sehr episch – kein Wunder, dass sie immer wieder abgeschrieben wurde. Wissenschaftlich ist aber klar, dass es weder eine Flut dieses Ausmaßes gegeben hat, noch hätten alle Tierarten der Welt auf so einem Schiff Platz gefunden. Auch ist doch eher zweifelhaft, dass Noah kurz vor der Flut noch schnell Australien entdeckte, um auch die Kängurus zu retten und für die Nachwelt zu bewahren.

Bei der Geschichte der Angelsachsen ist die Sache mit den Mythen aber fast noch schlimmer. Die bedeutendste Legende, die von ihrer Ankunft in England berichtet, ist nämlich nicht nur unglaubwürdig, sondern schlicht und ergreifend behämmert! Die Erzählung wirkt, als hätte sie ein Fünfjähriger verfasst. Sie geht in etwa so:

Es war einmal ein König von Britannien, der ...

Oh je, da fängt die Sache schon an. Einen König von Britannien gab es nach Abzug der Römer mit ziemlicher Sicherheit nicht. Aber gut, ein König, was auch immer. Und dann?

... der hieß Vortigern. Da der mit allerlei Einfällen aus dem Norden zu kämpfen hatte, bat er die Sachsen des Kontinents um Hilfe. Zwei sächsische Fürstenbrüder namens Hengest und Horsa ließen sich natürlich nicht zweimal bitten und schlossen sogleich einen Pakt, dass sie nicht nur als Söldner nach Britannien gehen, sondern das Land gleich auch gemeinsam einnehmen würden ...

Hengest und Horsa. Wirklich? Ist denn niemandem aufgefallen, dass diese Namen einfach nur Hengst und Pferd bedeuten? Und überhaupt: Vortigern? Wohin tigert der denn vor? Ein bisschen mehr Einfallsreichtum sollte man von Legendenschreibern erwarten dürfen. Aber gut. Wie geht es weiter?

... die beiden Brüder zogen also mit drei Schiffen und einigen Kriegern nach England, um Vortigern als Söldner bei der Verteidigung seines Reiches zu dienen. Wie in ihrem Pakt vereinbart, stellten sie sich aber bald gegen ihren Herrn. Im darauffolgenden Krieg starb Horsa, Hengest aber blieb siegreich und gründete das erste sächsische Königreich in Kent.

Moment mal. Drei Schiffe? Alle angelsächsischen Siedler in England sollen auf nur drei Schiffe zurückgehen? Man gerät ins Grübeln: So viel Inzest möchte man nicht einmal den Engländern anheften. Man kann daher, wie ich behaupten möchte, mit an Sicherheit grenzender Wahrscheinlichkeit davon ausgehen, dass es Hengest und Horsa nie gegeben hat. Die erste Fassung der Legende der beiden Kriegerbrüder stammt auch nicht aus der Zeit, von der hier die Rede ist. Sie erblickte auch nicht eine oder zwei Generationen später das Licht der Welt. Vielmehr rührt sie von einem gewissen Beda her, einem Mönch und Historiker, der sie um das Jahr 730 niederschrieb. Also ganze dreihundert Jahre nach den Ereignissen, von denen diese Sage erzählt!

Woher der gute Beda das alles gewusst hat? Wir kennen keine vertrauenswürdigen Quellen aus der Zeit, und dass Beda welche gehabt haben soll, verlangt schon nach einer gesunden Portion Vertrauen. Wahrscheinlicher ist, dass er einfach vorhandenes „Volkswissen" zusammenfasste, also Geschichten, die zu seiner Zeit in England umhergeisterten, zu Papier gebracht hat. Denn seien Sie mal ehrlich: Wie gut könnten Sie die Ereignisse Ihrer Heimatregion um das Jahr 1740 rekonstruieren, gäbe es keine Geschichtsbücher und Wikipedia?

Man kann nicht mal mehr Söldnern vertrauen

Lassen wir die Geschichte von Hengest und Horsa also besser hinter uns. Die Lage lässt sich auch ohne solche Legenden herleiten. Mit dem Abzug Roms wurden die Karten in England, so viel ist sicher, neu gemischt. Die lokalen Herrscher, die sich da hervortaten – nein, kein „britischer König" – heuerten in Anbetracht der vielen Bedrohungen die Angeln, Sachsen und einige andere Auswanderungswillige aus dem heutigen Deutschland an. Das dürfte tatsächlich schon um das Jahr 410 begonnen haben. Ab Mitte des 5. Jahrhunderts war dann mit Rom endgültig nicht mehr zu rechnen, und ab da dürfte die Zahl der Zuwanderer rapide gestiegen sein. Um wie viele Menschen es sich dabei handelte, ist schwer zu sagen. Mehr als drei Schiffe dürften es aber schon gewesen sein. Mann, Mann, Mann, dass ich das dazusagen muss … England muss nach dem römischen Abzug in einem ziemlich desolaten Zustand gewesen sein, und die Herrschaftsgebiete der lokalen Warlords, die da als Arbeitgeber der Angelsachsen in Erscheinung traten, umfassten wohl nur kleinste Räume, wahrscheinlich kaum mehr als einige isolierte Städte. Außerhalb der Städte verschwand der römische Lebensstil schnell wieder, sollte er denn jemals richtig Fuß gefasst haben.

Dass die Krieger aus Deutschland ein solches Machtvakuum ausnutzen wollten, kann man ihnen nicht verübeln. Wie lange es bis dahin dauerte, ist aber, wie immer, schwer zu sagen. Die Tatsache, dass man im heutigen England kaum noch etwas von romano-keltischen Überbleibseln mitbekommt, gibt uns aber einen guten Hinweis darauf, dass die Angelsachsen die älteren Einwohner schnell an Bedeutung übertrafen, zumindest im kulturellen Sinn. Viel Vermischung mit der alteingesessenen Bevölkerung gab es dabei wohl nicht. Die Angelsachsen kamen in Kleinstgruppen nach England und siedelten sich in der Nähe der Orte an, die sie beschützen sollten. Dabei waren sie räumlich klar von der keltischen Bevölkerung getrennt. Die Angeln und Sachsen scheinen keine Fans des römischen Baustils gewesen zu sein. Obwohl in den verlassenen römischen Städten Villen in Hülle und Fülle vorhanden waren, bevorzugten sie es, sich in einfachen Hütten außerhalb der Siedlungen breitzumachen. Eigenartige Kerle – mit der „Barbaren"-Sache hatte es wohl wirklich etwas auf sich. Auch sprachlich dürfte bei der Integration der Neuankömmlinge nicht viel zu machen gewesen sein. Die verstanden ja nicht mal Latein!

Die diversen Gruppen an Foederaten hatten aber auch untereinander nicht viel gemein und fühlten sich bei ihrer Ankunft in England wohl kaum als „Angelsachsen". Bei den Kleingruppen, die da nach England kamen, dürfte es sich oft um ganze Großfamilien oder auch um Gruppen junger, auswanderungswilliger Menschen gehandelt haben, die sich zu diesem Zweck zusammenschlossen. Sie blieben dann auch in England eher unter sich. Bekanntlich beschweren sich in Deutschland noch heute alle über diese jungen, meist männlichen Migranten, die sich einfach nicht integrieren wollen und Parallelgesellschaften gründen. Das dürfte im England des Frühmittelalters nicht viel anders gewesen sein. Allzu sehr vermischen wollten sich die Angehörigen unterschiedlicher Stämme in England aber auch untereinander nicht. Sie teilten sich im Land letzten Endes dann sogar geografisch klar voneinander getrennt auf. Sächsische Gruppen heuerten vor allem in Südengland an, in all den Gegenden, die später mit der Endung sex versehen wurden. Gymnasiallehrer sind den Sachsen sicher dankbar für die Gelegenheit, Landschaften wie Sussex, Essex oder Middlesex ihren schwer pubertierenden Schülern erklären zu dürfen … Weiter nördlich und östlich siedelten wohl die Angeln. Die sind zumindest im Namen East Anglia, Ostanglien, immer noch zu erkennen. Und im Wort England natürlich. Da waren die Sachsen sicher erfreut, als sich der Begriff durchsetzte … Andererseits haben wir mit Sachsen, Sachsen-Anhalt und Niedersachsen auch so schon Sachsen zur Genüge, da ist es ganz gut, dass England nicht auch noch Sachsenland heißt. Die Friesen scheinen sich in erster Linie in Kent, also in Südostengland, niedergelassen zu haben, und sollten Jüten unter den Einwanderern gewesen sein, waren die vermutlich auch dort anzutreffen. Die Franken haben in England, wenn sie es überhaupt dorthin geschafft haben, keine erkennbaren Spuren hinterlassen. Mit Frankreich, Frankfurt und dem Frankenland müssen die sich aber noch weniger als die Sachsen beschweren, in Europa sonderlich unterrepräsentiert zu sein.

Die Völker, die da in England als Söldner anheuerten, hatten nicht viel miteinander gemein. Sie kamen zwar zum größten Teil aus einer recht kleinen Region in Norddeutschland und Dänemark, aber auch das sagt nicht viel über ihre Gemeinsamkeiten aus. Angeln aus Schleswig, Sachsen aus Westfalen und Friesen aus Friesland konnten sich höchstwahrscheinlich nur unter größten Anstrengungen, wenn überhaupt, miteinander unterhalten. Nichtsdestotrotz wuchsen sie in den nächsten Jahren schnell zu einer mehr oder weniger einheitlichen Bevölkerung zusammen. Beziehungsweise so einheitlich, wie Menschen aus Manchester und Canterbury eben heute noch sind.

Irgendwann kam für sie dann der alles entscheidende Moment. Die Söldner, beziehungsweise deren Anführer, wurden wohlhabend und mächtig genug und wandten sich gegen ihre bisherigen Auftraggeber. Warum? Nun, allzu überraschend ist es ja nicht gerade, wenn ein Söldner nicht das allergrößte Treuegefühl mitbringt. Mit den finanziellen Mitteln der Auftraggeber ging es bergab, mit dem eigenen Einfluss bergauf. Was liegt näher, als, statt für jemand anderen, auf eigene Rechnung in den Krieg zu ziehen? Am besten gleich gegen den ehemaligen Arbeitgeber; niemand mag schließlich seinen Ex-Chef. Aus diesen erfolgreichen Aufständen, die sich quer über England hinweg wiederholten, bildeten sich also die ersten größeren angelsächsischen Gesellschaften heraus. Die keltische Kultur scheint dabei auf der Strecke geblieben zu sein. Irgendwann sahen die Kelten wohl einfach ein, dass es Sinn machte, sich mit den neuen Begebenheiten anzufreunden. Wenn die Leute heute nur so viel Pragmatismus hätten!

Die angelsächsischen Gemeinschaften, die sich nun herausbildeten, entwickelten sich über die Jahrhunderte Schritt für Schritt zu Königreichen. Der Weg vom Warlord, und das waren die ehemaligen Söldnerführer ja letztendlich, zum König ist kein allzu weiter. Gegen Ende des 6. Jahrhunderts haben sich die ersten angelsächsischen Königreiche auf jeden Fall schon herausgebildet. Hätte sich Beda in seinen Berichten doch lieber darauf gestürzt, da hätte er keine wilden Geschichten erfinden müssen. Aber 150 Jahre zurück waren ihm wohl einfach nicht spannend genug.

Die angelsächsischen Königreiche. Da kann ja jeder kommen!

Was waren nun diese angelsächsischen Königreiche? Nun, um jene Zeit handelte es sich um sieben teils zutiefst miteinander verfeindete Gebiete. Die ehemals anglischen Siedlergruppen gründeten im Osten und Norden die Königreiche Northumbria, Ostanglien und Merzien, die Sachsen weiter südlich Wessex, Sussex und Essex. Wenn Sie jetzt kichern, empfehle ich, das Buch an dieser Stelle wegzulegen und sich etwas Passenderes zu suchen. Haben Sie es schon mit Bibi Blocksberg versucht? Vor den sexes gab es eine Zeit lang auch noch kleinräumigere Königreiche, etwa Surrey, die aber schnell von den Nachbarn aufgefressen wurden. Zu guter Letzt war da noch Kent. Von dem behauptete Beda felsenfest, die Jüten hätten es gegründet und der erste König wäre Hengest gewesen. Er gibt einfach nicht auf mit seinem Blödsinn … Wahrscheinlich war Kent eher eine gemischte Angelegenheit. Das Königreich fußte dort auf den noch stärkeren römischen Strukturen und der früheren Rückkehr des Christentums in dieser Region als auf einer bestimmten Stammesgruppe.

Wie die kleinen Könige sich selbst und die anderen in der Rangfolge der Insel einstuften, ist übrigens überliefert. Das war ein reiner Penisvergleich! Alles, was für sie zählte, war die Länge. Hier die Länge der Liste ihrer Vorfahren. Alle Adelsgeschlechter der Angelsachsen hatten eine solche offizielle Genealogie, in der sie ihr Herrschaftshaus über die Generationen hinweg zurückverfolgten. Im Kent späterer Zeit ging diese Genealogie wie gesagt bis auf Hengest zurück. Die allermeisten anderen Königreiche ließen ihr Geschlecht mit einem gewissen Wodan beginnen. Dieser Wodan war im Prinzip ein germanischer Gott, sein Name steckt auch noch im nordischen Odin.

Mit der Übernahme des Christentums im Laufe des 6. Jahrhunderts änderten die Angelsachsen aber die Bedeutung dieses Wodans und behaupteten nun, es handle sich dabei um einen frühen Krieger, der ihr Geschlecht begründet habe. Auf einen nicht christlichen Gott zu verweisen, kam bei der Kirche eben nicht sonderlich gut an. Bei den Sachsen wurde meist auch ein gewisser Seax genannt, was aber auch wieder nur ein weiterer Gott war. Insofern war der Penisvergleich zwischen den Herrscherhäusern vollkommen sinnlos. Am Ende führten ohnehin alle zu den gleichen zwei, drei Personen, die allesamt aus der gleichen Zeit stammten. Nach dieser zunächst göttlichen, später dann etwas profaneren Urabstammung gab es aber doch ein paar Unterschiede. So waren die Wuffingas von Ostanglien dafür berühmt, den Längsten zu haben und ihre nicht göttliche Abstammung bis auf den Kontinent zurückverfolgen zu können. Beeindruckend …

Bei all diesen frühen Königen muss man aber dazusagen, dass sie das ohnehin nur dem Namen nach waren. Die Adelsgeschlechter behaupteten zwar von sich, Könige von Sussex, Merzien oder Ostanglien zu sein. Das bedeutet aber nicht, dass sie die alleinige Herrschaftsgewalt in diesen Ländern gehabt hätten. Das ist ein bisschen so, als gingen Sie heute auf den örtlichen Baumarktparkplatz und behaupten, Sie wären dessen König. Nun können Sie das gut und gerne machen, und wenn Sie ganz besonders motiviert sind, können Sie gleich noch eine Genealogie der ehemaligen Herrscher des Parkplatzes schreiben und eingerahmt an den Sperrmüllcontainer am hinteren Parkplatzende hängen. Wahr wird die Geschichte dadurch nicht, und die Blicke der Baumarktbesucher werden Ihnen das wahrscheinlich zu verstehen geben. So war das auch im England des frühen 7. Jahrhunderts: Einige der einflussreicheren Herren nannten sich zwar Könige, andere handelten derweil aber so, als gäbe es gar keinen König. Es sollte noch eine ganze Weile dauern, bis der König sich so weit etabliert hatte, dass es ihm gelang, solche Anmaßungen zu unterbinden, und die Grundbesitzer zu „normalen" Adeligen in einer „normalen" Hierarchie wurden.

Das erste Königreich, das zu solch einer größeren Machtfülle im Vergleich zu den anderen aufstieg, war wahrscheinlich Kent. Das ist aufgrund der stärkeren römischen Strukturen und der frühen Christianisierung, die ja auch immer mehr Verwaltungsmacht, Geld und Einfluss bedeutete, nicht sonderlich überraschend. Schon um die Mitte des 7. Jahrhunderts ging diese Vormachtstellung aber auf Northumbria über, gefolgt von Merzien und schließlich Wessex. Es spielte sich aber eigentlich überall dieselbe Geschichte ab. In Zusammenarbeit mit der wieder erstarkenden katholischen Kirche konnten die regionalen Könige ihre Herrschaft im eigenen Land zunehmend ausweiten. Die Etablierung der Königsmacht begann meist damit, die Nachfolgeregelungen zu ändern. Dadurch, dass alle Herrscherhäuser Genealogien führten und die Herrschaft somit ausschließlich durch die gemeinsame Abstammung legitimiert war, konnte ja theoretisch jeder kommen und König werden, solange er nur die richtige Abstammung nachweisen konnte. Und das war nicht sonderlich schwierig – wenn einer so einen Blödsinn erfinden kann, kann das ein anderer genauso. Somit wechselte sich die Königswürde innerhalb der Königreiche regelmäßig zwischen verschiedenen Zweigen der Familie ab. Familie natürlich nicht im heutigen Sinn, sondern im Sinn von Wir-haben-nichts-miteinander-gemein-außer-dass-wir-unsere-Genealogien-auf-ähnliche-Weise-gefälscht-Haben. Das zu ändern, war verständlicherweise im Interesse der aktuellen Könige. Gerade Merzien hatte schwer mit diesen Auseinandersetzungen zwischen verschiedenen Familienflügeln zu kämpfen. Noch zur Zeit der merzischen Vorherrschaft auf der Insel, im 8. Jahrhundert, kam es dort regelmäßig zu Kämpfen zwischen den verschiedenen Zweigen der Königsdynastie. Diese Dynastie war so weit verzweigt, dass sogar in Kent und Ostanglien noch Leute herumliefen, die sich als der merzischen Königslinie zugehörig bezeichneten. Nicht gerade die besten Voraussetzungen für eine stabile Herrschaft.

Warum finde ich Wessex auf keiner Karte?

Wessex ging letzten Endes als der große Gewinner aus diesem Wettstreit hervor. Dort schafften es die Könige nämlich als Erstes, die verschiedenen Zweige der „Familie" dauerhaft unter königliche Kontrolle zu bringen und die Herrschaftsfolge auf die Kernfamilie zu beschränken. Alle anderen einflussreichen Familien wurden hingegen zu „normalen" Adeligen, die der königlichen Dynastie unterstellt waren. Dieses System wird Ihnen bekannt vorkommen. Es führt uns direkt in die Struktur des späteren Mittelalters. Denn Herrschaft, wie sie in Wessex ab Mitte des 8. Jahrhunderts verstanden wurde, bedeutete nicht mehr nur die lose Oberherrschaft über eine Gruppe an Siedlern, sie bedeutete Herrschaft über Land und Leute. Das, liebe Leserin, lieber Leser, ist die Wurzel des Lehnswesens, wie Sie es schon in der Schule gelernt haben! Andere Adelige waren in diesem System nur noch Zwischenglieder zwischen König und Bevölkerung und standen nicht mehr annähernd auf gleicher Ebene mit den Königen. Dieses Wessexer Modell war so erfolgreich, dass es etwas später in das kontinentale Frankenreich Karls des Großen übernommen wurde, wo es sich dann noch prononcierter weiterentwickelte. Die Folgen sind im Europa des Mittelalters nicht zu übersehen.

Aufgrund der Nähe zur walisischen Grenze, wo immer noch aufmüpfige Kelten ihr Unwesen trieben, befand sich das Wessexer Königreich aber auch mehr oder weniger dauerhaft im Krieg. Das sollte sich für die Herausbildung von Verwaltungs- und Militärstrukturen als großer Vorteil erweisen. Im Zuge der kämpferischen Auseinandersetzungen wurden erst die Regionen Somerset und Dorset eingenommen. Die Wessexer Könige konnten aber bald schon auch die Kontrolle über Sussex gewinnen, und etwas später fiel zudem das altehrwürdige Kent an sie. Im Vergleich dazu siechten die Königreiche im Norden nach dem Niedergang Merziens eher vor sich hin. Die Ausgangslage für Wessex war also wunderbar. Mit der Übernahme von ganz Südengland war es der bedeutendste wirtschaftliche und militärische Faktor Englands geworden. Die Einnahme von Merzien und Northumbria schien da nur noch eine Frage der Zeit. Doch genau in jenen Jahren sichteten ein paar Mönche im Norden eines schönen Abends im Jahr 793 einige Schiffe am Horizont, und es sollte sich alles ändern. Die Zeit der Ruhe, in der sich die angelsächsischen Könige übereinander hermachen konnten, war vorbei. Nun kam die Gefahr wieder von außen. Kleiner Tipp: Diese Gefahr trank gern mal ein Hörnchen Met.

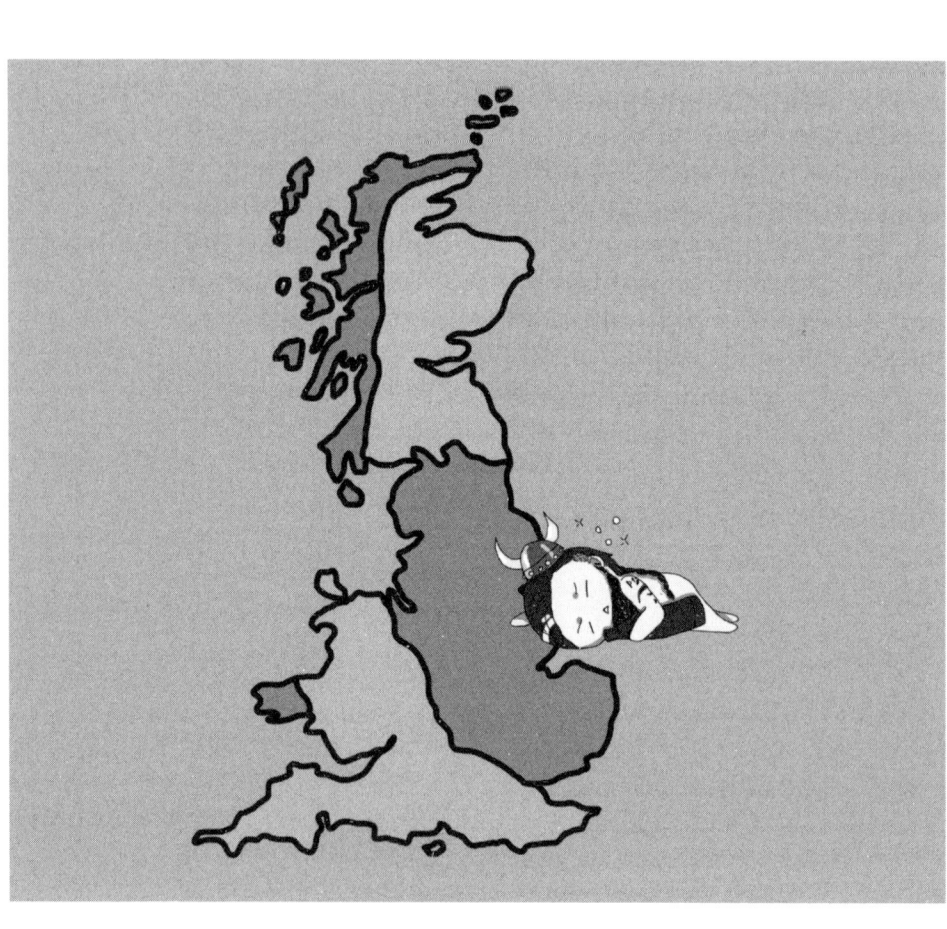

Kapitel 3

Hilfe, die Nordmänner kommen!

Mit dem ersten deutschen Einfall der Angeln, Sachsen, Jüten und wie sie sonst noch hießen war es für England noch lange nicht getan. Die große Inselstory sollte erst richtig beginnen, die Geschichte der Festung Britannia, standfest und stark in stürmischer See, uneinnehmbar von allen … „Moment mal, was sind denn das für Schiffe am Horizont?!" Richtig! Zur vollständigen Eroberung der britischen Insel kommen wir erst! Und jetzt geht es richtig zur Sache. Die Rede ist natürlich von den Wikingern und ihren entfernten Verwandten, den Normannen. Und innerhalb von 300 Jahren sollten diese Nordmänner England bis auf seine Grundfesten erschüttern.

Die Angelsachsen und ihre süßen kleinen Königreiche, die sie sich nach dem Abzug der römischen Truppen so sorgsam zusammengeschustert hatten, verschwanden in diesem Zeitraum fast vollständig von der Landkarte, und England war nie mehr wirklich dasselbe. Damit war die gute alte Zeit also endgültig vorbei. Das ist zumindest anzunehmen, aber vielleicht kann uns ja Nigel Farage nähere Auskunft geben … So viel sei jedenfalls verraten: Mit horntragenden, besoffenen Norwegern auf Langbooten hatte das alles wenig zu tun. Das klassische Wikingerbild, das wir alle aus „Wicki und die starken Männer" gelernt haben, ist nicht ganz so akkurat, wie wir immer geglaubt haben. Die Geschichte ist leider nicht so einfach, wie man sie oft gerne hätte. Man kann sich nicht mal mehr auf Kinderserien verlassen! Aber zurück zu den Männern aus Flake: Was trieben die da in England, außer ihre Hörner zu reinigen?

Die hätten doch zumindest anklopfen können

England mag zwar auf einer Insel liegen, unangreifbar ist es deshalb aber noch lange nicht. Der Grund dafür ist nicht sonderlich überraschend: Die Feinde könnten ja auf Booten kommen! Eine revolutionäre Idee. Dass diese simple Erkenntnis die Angelsachsen auf dem falschen Fuß erwischte, ist nun doch einigermaßen peinlich. Spätestens seit den antiken Griechen sollte allen klar gewesen sein, dass Schiffe ein viel besseres Fortbewegungsmittel waren als Pferde und Wagen. Per Schiff konnten viel größere Mengen an Waren und Menschen – darunter gelegentlich auch Soldaten – transportiert werden, als das auf den besten Straßen möglich war. Ein Blick in die antike Geschichte macht schnell klar, wie vollkommen egal den großen Mächten schon damals das ach so trennende Wasser war. Die alten Griechen kamen mit ihren Schiffen bekanntlich an jeden Fleck des Mittelmeers und erbauten dort Kolonien. Auf der heimischen Balkanhalbinsel selbst sah die Sache dagegen ganz anders aus. Da marschierten ständig irgendwelche wilden Perser durch, die sich nun wirklich überhaupt nicht zu benehmen wussten. Die Griechen ignorierten das meist. Ein anderes Beispiel sind die Phönizier, die, aus dem heutigen Libanon kommend, schon mehrere Jahrhunderte davor so weit entfernte Kolonien wie Karthago errichtet hatten, das den Römern viele Jahre später noch so reichlich Probleme bereiten sollte, diesmal allerdings nicht nur mit Schiffen, sondern zudem mit Elefanten, die durch den Schnee in den Alpen stapften. Aber die Geschichte von Hannibal kennen Sie ja sicher. Nein, nicht der Kannibale, der andere …

Nicht nur das Mittelmeer lässt sich ganz gut besegeln. Mit etwas Geschick klappt das auch anderswo, und in der Nordsee hat eine Bevölkerungsgruppe im Frühmittelalter das eindrucksvoll unter Beweis gestellt: die Wikinger. Mit den heute so beliebten Stereotypen hatten diese historischen Seefahrer wahrscheinlich aber recht wenig zu tun. Es ist inzwischen sogar bekannt, dass sie nicht mal Hörner auf ihren Helmen trugen. Und seien wir mal ehrlich: Wenn ein Wikinger keine Hörner trägt, was ist er dann überhaupt wert? Da könnte er ja genauso gut irgendein dahergelaufener Kelte sein!

Im Frühmittelalter sollte man aber doch lieber einiges von ihnen halten. Die Wikinger verbreiteten nämlich schon bald Angst und Schrecken, wo immer sie auftauchten. Und England lag da an recht günstiger Stelle im Meer herum. Kann man es den Wikingern vorwerfen, dass sie dieses grüne, fruchtbare Land, nur eine zweitägige Fahrt entfernt, auch nutzen wollten? Jeder, der schon mal in Norwegen war, kann sich vorstellen, wie gut es da mit der Landwirtschaft lief. Da klingen die grünen, verregneten Wiesen von Sussex plötzlich richtig verlockend. Tatsächlich könnte das Klima ein Grund gewesen sein, warum die bis dahin recht unauffälligen Nordmänner im 8. Jahrhundert plötzlich lossegelten, um fremde Länder zu plündern. Es ist aber auch gut möglich, dass es zu der Zeit schlicht zu einer Überbevölkerung in Skandinavien kam. Soll heißen: Die Wikingermänner hatten einfach zu viele Frauen, ergo zu viele Kinder, und somit blieben viele dieser Kinder ohne Erbe. Das gibt meist keine gute Stimmung. Doch zum Glück war da diese merkwürdige Insel etwas weiter östlich, die sich wunderbar plündern ließ. Obendrein gab es vor allem in Dänemark damals schon genug typisch europäische Herrscher, die machtgierig waren und mehr Einfluss in der Welt suchten. Eine Kombination dieser Faktoren wird es wohl gewesen sein, die die Wikinger in die Ferne trieb.

Als sie ab dem 8. Jahrhundert in kleinen Kampfgruppen ihre Länder verließen, um anderswo ihr Glück zu suchen, war England ihr erstes großes Ziel. Der Beginn der großen Wikingerzeit wird dann auch traditionell auf das Jahr 793 gelegt, das Jahr des Wikingerangriffs auf das nordenglische Kloster Lindisfarne. Gleich bei erster Gelegenheit konnten sich die Menschen jener Zeit ein ganz gutes Bild von diesen Nordmännern und ihrer Taktik machen. Eine Gruppe von Wikingern schlich sich mit ihren wendigen segellosen Booten bei Nacht an, ging auf der kleinen nordenglischen Insel an Land, stürmte das dortige Kloster, verwüstete und tötete alles und jeden, der sich ihnen in den Weg stellte, nahm mit, was die Boote tragen konnten, und noch bevor sich die Mönche überhaupt fragen konnten, was zum Teufel gerade passiert war, waren die Wikinger auch schon wieder weg und ihre Boote verschwanden langsam am Horizont.

Diese Art der Überfälle wurde in den folgenden Jahren fast schon zur Gewohnheit. Nicht nur in England, sondern auch in Irland und Frankreich tauchten diese Banden besoffener Bartträger auf, verwüsteten alles, was ihnen in den Weg kam, raubten, töteten, vergewaltigten und taten, was man als Wikinger eben so tut. Heute trifft man fast nur noch bei englischen Hooligans und Rockerclubs auf solche Umgangsformen – der Bart hat also, so könnte man glauben, eine Auswirkung aufs Sozialverhalten. Im frühmittelalterlichen Europa sollte die Sache aber noch viel schlimmer kommen. Nämlich gerade als sich die armen Engländer, Iren und Franzosen an die Überfälle gewöhnt hatten (die Menschen gewöhnen sich ja bekanntlich an alles), änderten die Wikinger ihre Taktik.

So schlimm ist es also in Skandinavien?

Ab Mitte des 9. Jahrhunderts kamen die Wikinger nicht mehr nur zum Plündern zu Besuch, um sich dann kurzerhand wieder zu verziehen. Nein, nun errichteten sie plötzlich Winterlager! Anscheinend waren die Winter in Skandinavien so furchtbar, dass ein Aufenthalt in England oder Irland geradezu verlockend erschien. Hätte es den UNHCR damals schon gegeben, hätte England die Skandinavier wohl als Klimaflüchtlinge anerkennen müssen. Wobei … wahrscheinlich hätte dann irgendjemand ihre Flüchtlingsheime angezündet. Wie man die Geschichte dreht und wendet, immer muss irgendwer irgendwas in Brand setzen. Eine ihrer ersten dauerhaften Siedlungen war damals übrigens die Stadt Dublin. Im Grunde können sich die Iren also gar nicht beschweren, haben sie es doch bis heute nicht hinbekommen, eine zweite richtige Stadt zu bauen.

In England konzentrierten sich die Einfälle auf den Norden und Osten des Landes, auf das heutige Yorkshire, Northumberland und Ostanglien. Das ging so weit, dass die Region von den eingesessenen Angelsachsen bald nur noch als „Danelag" bezeichnet wurde. „Lag" bedeutet im Altnordischen so etwas wie „Recht", also wörtlich „Dänisches Recht". Und tatsächlich: Schon nach kurzer Zeit herrschte in der Region skandinavische Kultur vor, es wurde in weiten Teilen Altnordisch gesprochen, und es galt eben das dänische Recht. Aber gut. Der Norden Englands war damals schon so beliebt wie heute. Ob da jetzt Skandinavier oder irgendwelche unzivilisierten Nordengländer sitzen, macht keinen großen Unterschied. Und überhaupt: Anderswo sah die Sache noch viel schlimmer aus! In Frankreich standen die Wikinger im Jahr 845 schon vor den Toren von Paris! Der dortige König Karl der Kahle hatte also andere Sorgen als seinen mutmaßlichen Haarausfall und zahlte den Eindringlingen sogar eine nette Summe, das sogenannte „Danegeld", um sie zum Rückzug zu überreden. Wohlerzogen, wie die Wikinger waren, nahmen sie das Angebot dankend an und zogen ab – wenn auch nur für elf Jahre. Dann fielen sie erst recht in Paris ein, plünderten, brandschatzten und – wir erinnern uns – taten, was man als Wikinger eben so tut. Aber auch in England machte sich die Anwesenheit der Dänen zunehmend bemerkbar. Wir haben ja schon gehört, dass die Wikinger ein wenig dazu neigten, viele Frauen zu haben. Das bedeutete natürlich auch viele Kinder, und so dehnte sich das Danelag schnell immer weiter aus. Für die angelsächsischen Könige, vor allem in Südengland, wurde es bald zur Bedrohung.

Hier ist es an der Zeit, einen ganz großen angelsächsischen König vorzustellen: Alfred von Wessex, genannt „Alfred der Große". Er ist übrigens der einzige „Große" unter allen englischen Königen. Nun gut, abgesehen von – ausgerechnet – einem Dänen. Aber immer der Reihe nach. Dieser Alfred führte im 9. Jahrhundert den angelsächsischen Widerstand gegen die Wikinger oder Nordmänner oder Dänen oder wie auch immer an. Seien wir ehrlich, die Dänen aus dem Danelag waren da doch sowieso schon fast so englisch wie die Wessexer, aber Komplexität in der Migrationsdebatte funktioniert auch heute noch nicht sonderlich gut. Im 9. Jahrhundert war das nicht viel anders. Die Wikinger fühlten sich jedenfalls bedroht von den Drohgebärden Alfreds und baten zu Hause in Dänemark um Hilfe. 878 konnte Alfred jedoch das große dänische Heer schlagen und nebenbei auch noch London erobern.

Da alle anderen angelsächsischen Königreiche zu der Zeit von den Nordmännern bereits unterjocht worden waren, gilt dieses Datum heute vielen als Gründungsjahr Englands. Die Könige von Wessex wurden somit zu Königen Englands. Behauptet hatte das Haus Wessex allerdings schon seit Jahrzehnten, Herrscher über ganz England oder gar Britannien zu sein, nur glaubte ihnen das keiner so recht. Das war wohl wieder ein bisschen so wie auf dem Baumarktparkplatz. Und dabei hatten sie so eine lange Genealogie! Es scheint aus irgendeinem Grund einfacher zu sein, zuerst gemeinsam in einen Krieg zu ziehen und die verbündeten Staaten danach zu vereinen, als es auf langweiligem Weg ohne Blutvergießen zu versuchen. Denselben Trick sollten die Preußen unter Bismarck ja noch 1871 wiederholen.

Die Tatsache, dass dieser neue Staat als England bekannt wurde, ist dabei übrigens vielsagend. Die alten sächsischen und anglischen Königreiche waren ja gerade erst untergegangen, die Namen der Sachsen und Angeln waren aber schon lange Synonyme. Die Unterschiede zwischen den beiden Gruppen waren offensichtlich nicht mehr bekannt, anders lässt sich nicht erklären, wie ein König aus Wessex einen Staat namens England gründen konnte. Das sex im Namen Wessex verrät uns, welchem Geschlecht Alfred entstammte. Kleiner Tipp: Liegt heute in Ostdeutschland. Das Eng- in England kommt dagegen natürlich von den Angeln. War aber auch egal. Allzu lange sollten die frischgebackenen Engländer ihr neu vereinigtes Reich ohnehin nicht genießen. Denn die Nordmänner waren noch lange nicht geschlagen.

Send them back!

So ein kleiner Sieg über das dänische Heer bedeutet leider nicht, dass die skandinavischen Siedler über Nacht verschwunden wären. Ganz im Gegenteil. Die fühlten sich im Norden und vor allem in Essex und Ostanglien so pudelwohl, dass sie bald schon Burgen bauten und irgendwann sogar damit begannen, zum Christentum zu konvertieren, auch wenn das nach heutigen Standards eher als unwahrscheinlich gelten muss ... Die lokalen Bewohner – ob nun Angelsachsen, Dänen oder gar übriggebliebene Kelten – schien das auch nicht zu stören. Denen war einigermaßen egal, ob nun die Herren aus Wessex oder die aus Dänemark Burgen in ihrer Umgebung bauten. Das ist halt das Problem mit diesem hungrigen, von Krankheit zerfressenen Pöbel. Allesamt Fahnen im Wind ...

Die neuen angelsächsisch-englischen Könige, die auf Alfred folgten, fanden sich mit der Anwesenheit der Dänen im Danelag daher erst einmal ab. Das änderte sich, als ab Ende des 10. Jahrhunderts wieder verstärkt dänische Angriffe aus Übersee dazukamen. Das stellte den jungen Staat vor ganz neue Herausforderungen. Die englischen Herrscher taten daher, was jeder ehrenhafte Kriegerfürst tun würde: Sie verfielen in eine Riesenpanik, erhoben die erste allgemeine Steuer des mittelalterlichen Europas und bezahlten die Wikinger einfach, damit sie wieder abzogen. Ein brillanter Plan, der ja zuvor schon in Paris wunderbar funktioniert hatte! Und obendrein ein einfaches Rezept: Man besteuere einfach die ohnehin schon unzufriedenen kleineren Adeligen und werfe das Geld zum Fenster in Richtung Osten raus. Die Wikinger nehmen das Geld, ziehen sich zurück und kommen im nächsten Jahr wieder für den Nachschlag. Es ist ein bisschen so wie damals in der Schule. Wurde man vom Klassenrowdy gemobbt, gab man ihm einfach sein Essensgeld und vertraute darauf, dass die Sache damit für immer erledigt war. Was, hat das bei Ihnen nicht funktioniert? Sie haben recht: Wenn man nicht ganz blöd war, merkte man irgendwann, dass das Essensgeld den Rowdy nicht davon abhielt, einen zu malträtieren. Die englischen Könige gehörten eher zu der Sorte, die das nicht so schnell kapierte. Einen neuen Höhepunkt dieser Blödheit erreichen wir nun um die Jahrtausendwende in Form von König Æthelred. Das war ein veritabler Trottel, der seinesgleichen sucht.

Æthelred der Unfertige. Name ist halt doch oft Programm

Wer war dieser Kerl? Æthelred gehörte, wie alle bisherigen Herrscher, dem Haus Wessex an. Sein Beiname „der Unfertige", im englischen „the Unready", gibt uns schon einen guten Hinweis, wie er sich als Herrscher so anstellte, in erster Linie bezieht sich der Beiname allerdings auf die Art, wie er an die Macht kam. Im Jahr 975 starb der langjährige König Edgar der Friedfertige (auch er hatte kein sonderliches Glück mit seinem Beinamen). Ihm folgte dann zunächst sein Sohn nach, Eduard der Märtyrer. Märtyrer war er da natürlich noch nicht, aber darauf sollte er nicht lange warten müssen. Schon nach drei Jahren bekam er unverhofft Besuch von seiner Stiefmutter, die ihn kaltblütig in seinem Gemach ermordete. Zum Glück war ihr Mann da schon tot. Das hätte einige unangenehme Gespräche beim Abendessen gegeben: „Du hast *was* mit meinem Sohn gemacht?!"

Æthelred sah sich nun in der glücklichen Lage, der leibliche Sohn dieser Frau zu sein, war zu dem Zeitpunkt aber erst zehn Jahre alt. Da ist die Annahme nicht abwegig, dass seine Mutter als Witwe des alten Königs ein Wörtchen in der Regierung mitzureden hätte. Aber nichts da! Es gibt schon einen Grund, warum man den Feminismus erst noch erfinden musste. Die Adeligen des Landes wählten, statt sich mit der Königswitwe abzugeben, den zehnjährigen Æthelred

978 ohne Zögern zum König. Damals hatten die Leute eben noch Weitsicht, war doch offensichtlich, dass ein zehnjähriger Bengel ein viel besserer Herrscher sein würde als eine Frau! Sein junges Alter und die Umstände seiner Krönung gaben Æthelred jedenfalls den Beinamen „the Unready". Dafür konnte er erstmal nichts. Im Laufe seines Lebens sollte er aber reichlich Gelegenheit haben, sich den Namen zu verdienen.

Zugegeben, es war wirklich keine leichte Zeit, an der Spitze Englands zu stehen, jetzt, mit den ganzen Wikingerangriffen und so. Andererseits: Gibt es je eine gute Zeit dafür? Theresa May oder David Cameron könnten wahrscheinlich das ein oder andere Wort dazu sagen. Immerhin muss sich Frau May heute nicht mit betrunkenen Nordmännern herumschlagen, die Englands Dörfer plündern und Frauen vergewaltigen; sie kämpft nur gegen einfallende Ostmänner, die Englands Alte pflegen und Toiletten reparieren. Zwei Jahre nach der Thronbesteigung Æthelreds nahmen die Wikingerangriffe dagegen wieder richtig Fahrt auf. In Skandinavien hatte sich wohl herumgesprochen, dass es in England erstens viel zu holen gab und sich einem dort zweitens niemand so recht in den Weg zu stellen schien. Aus diesem Grund zahlte Æthelred erst einmal das erwähnte Danegeld. Wie zu erwarten, funktionierte das eher mittelprächtig. Es war außerdem auch kulturell ziemlich unhöflich: Immerhin zahlte er es dem norwegischen König. Seine Herkunft steht nun wirklich in seinem Titel, wie kommt Æthelred da auf den Namen Danegeld?! Wie der Schulhofrowdy kehrte der norwegische König Olaf dann auch immer wieder und verlangte immer höhere Summen. Andere skandinavische Herrscher, Piraten und wohl jeder, der gerade ein Schiff zur Hand hatte, taten es ihm mit der Zeit gleich. Æthelred schaute dabei recht hilflos zu. Das hat man halt davon, wenn man ein Kind zum König krönt.

Doch allmählich begann Æthelred doch, sich nach Verbündeten gegen die Wikingerhorden umzusehen. Er fand sie ausgerechnet in den Normannen aus der Normandie, die ihre Herkunft vor 200 Jahren noch selbst auf die Wikinger zurückverfolgten. Aber das lag

Ewigkeiten zurück, inzwischen waren sie etwas Besseres, sie waren ja immerhin Franzosen! Edlen Wein, fettiges Essen, solche Kinkerlitzchen wie den christlichen Glauben, all das hatten die Normannen von den Franzosen längst übernommen. Die Einfälle ihrer barbarischen Cousins aus dem Norden passten da schlecht ins Bild. Im Jahr 1002 heiratete Æthelred also die Schwester des normannischen Herzogs, eine gewisse Emma, in der Hoffnung, damit einen starken Verbündeten gegen die Bedrohung aus Skandinavien zu gewinnen. Natürlich konnte er nicht ahnen, dass diese Hochzeit sechzig Jahre später als Rechtfertigung für eine normannische Invasion Englands herhalten sollte. Manchmal kennt die Geschichte eben keine Gnade, dafür umso mehr Ironie.

So ein kleiner Völkermord wird's schon richten

Wirklich helfen sollte die Allianz mit den Normannen unserem guten Æthelred nicht. Wikingergruppen fielen nach wie vor in sein Königreich ein und verlangten mit jedem Mal mehr Danegeld, das er nur unter immer größeren Mühen zusammenkratzen konnte. Da kam Æthelred eine zündende Idee! Er erinnerte sich daran, dass immer noch eine große Zahl an Nordmännern in England lebte, die Nachkommen der Dänen des Danelags. Æthelred nahm nun an, dass sie Sympathien für eine skandinavische Invasion Englands hegten und daher eine Gefahr für sein Königreich darstellten. Vor allem aber sah er die Möglichkeit, an ihnen ein Exempel zu statuieren und sich ihren Besitz unter die Nägel zu reißen. Auf einen Teil der dänischen Bevölkerung mag seine Befürchtung zugetroffen haben, den meisten war es aber wie gesagt einigermaßen egal, wer in ihrem Umfeld Burgen baute und ob deren Namen auf son oder red endeten. Das änderte aber nichts an dem Pech, das sie hatten.

Æthelred stellte Überlegungen an, was sich denn so machen ließ, wenn ein Teil der eigenen Bevölkerung eventuell zumindest teilweise nicht hundertprozentig hinter der eigenen Herrschaft stand. Richtig! Man ordnet einen Völkermord an! Genau das tat er dann im Winter 1002 und ließ kurzerhand alle Dänen Englands ermorden. Auch wenn der Befehl nicht überall im Land umgesetzt wurde, kam es zu extremen Ausschreitungen. Im Danelag richtete man die Einwohner regelrecht auf offener Straße hin. Dumm nur für Æthelred, dass eine gewisse Gunhilde unter den Opfern war, immerhin Tochter des dänischen Königs Sven, der sofort bittere Rache schwor. Und um das noch einmal zu betonen: Im 11. Jahrhundert gab es Grund zur Panik, wenn der dänische König Rache schwor. Da droht dann kein Embargo von Dosenfischlieferungen, sondern eine eiskalte Invasion.

Schon im Folgejahr fiel Sven zum ersten Mal in England ein, 1006 gleich noch einmal, und 1009 kam noch eine andere Wikingerflotte dazu. Jedes Mal zahlte Æthelred brav sein Danegeld, doch die Schulhofschläger ließen ihn einfach nicht in Ruhe. Dann, 1013, genügte Sven das Schutzgeld nicht mehr. Oder ihm fiel wieder ein, dass es ursprünglich um Rache gegangen war. Wie schnell manche Menschen die eigene tote Tochter vergessen, wenn das süße, süße Danegeld fließt … Sven packte also seinen Sohn Knut ein, dazu ein paar tausend Krieger, baute sich eine gigantische Flotte und fuhr gen England. Gleich nach der Landung ließ er sich zum Herrscher über das Danelag erklären. Er schlug die Engländer umgehend an mehreren Fronten und zwang Æthelred und seine Frau zur Flucht in die Normandie. Und als Sven Anfang 1014 mitten in seinem Feldzug starb, beanspruchte sein Sohn Knut die englische Krone für sich.

Æthelred unternahm zwar noch einen Versuch, ihn zurückzuschlagen, was sogar kurzzeitig gelang. Im Jahr darauf blieb Knut aber siegreich. Er nahm London ein, und während der Belagerung starb praktischerweise auch noch Æthelred. Dessen Sohn wurde kurz darauf von Knut besiegt, und Ende 1016 ließ der Däne sich offiziell zum König Englands krönen. Nur um sicherzugehen, heiratete er auch noch die Witwe seines Widersachers, Emma von der Normandie, und konvertierte zum Christentum. Man kann Knut also einiges vorwerfen, integriert hat sich der Mann aber! Wenn die heutigen Migranten nur den Anstand hätten, unsere Witwen zu heiraten … Wenn Sie mitgerechnet haben, haben Sie sicher schon bemerkt, dass England im Jahr 1016 somit bemerkenswerte drei Könige hatte: Æthelred, seinen Sohn Edmund und Knut. Das wäre im Grunde erwähnenswert, doch nur ein paar Jahrzehnte später sollte ein Jahr mit sage und schreibe fünf Königen folgen! Aber lassen wir unserem Knut erst einmal seinen Spaß.

England, auch bekannt als Nordwestdänemark

Im Jahr 1016 wurde Knut der Große also zum ersten Wikingerkönig Englands und löste damit das Haus Wessex nach 140 Jahren an der Herrschaft ab – 250 Jahre nach Zählung der Wessexer, aber wir sahen schon, dass niemand diese Vorstellung wirklich ernst nahm. Knut hatte jedoch noch mehr Glück: Drei Jahre später starb sein älterer Bruder in Dänemark, womit er auch noch dänischer König wurde. Weitere zehn Jahre später eroberte er sogar Norwegen, sodass er über ein riesiges Gebiet entlang der gesamten Nordsee herrschte. Auch wenn von diesem Superstaat heute kaum noch etwas zu spüren ist, hat er seine Spuren hinterlassen. In die Zeit Knuts des Großen fällt nämlich die Christianisierung Dänemarks und Norwegens, die in erster Linie von englischen Priestern vorangetrieben wurde. Knut nahm das mit der Konvertierung wirklich etwas zu ernst: Was konnten denn die Verwandten in Skandinavien dafür, wenn er eine neue, merkwürdige Begeisterung gefunden hatte? Oder hören Sie sich beim Familienessen gerne die Geschichten Ihrer Großtante an, die gerade ihre Erfüllung in der Esoterik gefunden hat?

Allzu lange halten konnte sich dieses Reich Knuts des Großen trotz all seiner Anstrengungen ohnehin nicht. Nach seinem Tod 1035 übernahmen zwar noch kurz seine beiden Söhne den englischen Thron, konnten ihn aber beide nicht lange halten, und 1042 kam mit

Eduard dem Bekenner auch schon der Sohn Æthelreds aus der Normandie zurück. Hier zeigt sich eine unangenehme Nebenwirkung, wenn man wie Knut die Witwe seines Rivalen heiratet. Eduard war eben nicht nur der Sohn Æthelreds, nein, er war auch Halbbruder des letzten dänisch-englischen Königs, Knuts Sohn Hardiknut. Wenn es den Dänen aber irgendein Trost ist: Die erneute angelsächsische Rückkehr auf den englischen Thron war nur von kurzer Dauer. Das hat vor allem damit zu tun, dass Eduard sein ganzes Leben in der Normandie verbracht hatte und dementsprechend fast nichts über England wusste, was sich rasch zeigen sollte.

Seine gesamte Regierungszeit über verließ sich Eduard fast ausschließlich auf seinen Adel. Er hatte einfach wenig Lust, sich selbst mit dem neuen Besitz auf der Insel zu beschäftigen. Das waren doch ohnehin alles nur verregnete Sümpfe! Gleichzeitig nahm Eduard zahlreiche seiner Freunde aus der Normandie nach England mit, die dort seinen engsten Beraterkreis bildeten. Das gefiel natürlich nicht allen angelsächsischen und dänischen Adeligen, und um den Earl von Wessex bildete sich bald eine Oppositionspartei gegen Eduard und seine französischen Berater heraus. Der genannte Earl sollte Eduard über die Jahre so auf die Nerven gehen, dass dieser sich immer mehr aus der alltäglichen Regierungsarbeit zurückzog und lieber an irgendwelchen Kirchenbauten werkelte. Eduard begann die Arbeiten an der Westminster Abbey, womit wir seine positiven Leistungen als König auch schon vollständig erfasst haben. Diese Kirchentreue brachte ihm später den Beinamen „der Bekenner" ein, und er wurde sogar heiliggesprochen. In der Hinsicht war Eduard übrigens wie jeder andere religiöse Fanatiker: vollkommen weltfremd und darüber hinaus chaotisch. Er hinterließ zwar eine nagelneue Kirche, aber keinen Nachfolger, auch wenn er gleich mehreren Personen versprach, sie zu demselben zu machen. Einer dieser mutmaßlichen Nachfolger war der Sohn des Earls von Wessex, Harold. Der andere war der Herzog der Normandie, Wilhelm. Und wie sich nach Eduards Tod herausstellen sollte, waren das nicht die Einzigen, die sich etwas in England erhofften. Insofern hat das ganze Bekennen dem guten Eduard beziehungsweise England nichts genützt.

Was wollen die alle auf dieser regnerischen Insel?

Eduard starb im Januar 1066 und hinterließ einen einzigen Scherbenhaufen. England war in den Jahren davor von angelsächsischer zu skandinavischer Oberherrschaft und wieder zurückgegangen. Und wie das bei Wanderpokalen nun einmal so ist, hatten viele Seiten jetzt ein Auge auf das kleine Ländchen geworfen. Da war einerseits der erwähnte Harold, Sohn des Earls von Essex, der so nebenbei auch noch Eduards Schwager war. Harold hatte zudem einen Halbbruder, Tostig, der sich zumindest entfernte Hoffnungen auf die Krone machte. Und auch der norwegische König Harald sah seine Chance gekommen. Schließlich war da eben noch der Herzog der Normandie, Wilhelm der Eroberer, der – wir erinnern uns – wegen der Hochzeit zwischen Æthelred und Emma von der Normandie fünfzig Jahre zuvor ebenfalls eine entfernte Blutsverwandtschaft vorweisen konnte. Damals war er übrigens noch nicht als Eroberer bekannt, hätten sich doch sonst die anderen drei gefragt, was es damit auf sich habe, und wären vielleicht sogar vorsichtig geworden.

Nun soll, wie erwähnt, Eduard, der alte Feigling, gleich zweien dieser Kontrahenten persönlich zugesagt haben, sie zu seinem Nachfolger zu ernennen: Harold und Wilhelm. Ob er das wirklich getan hat, ist nicht mit Sicherheit festzustellen. Nach Eduards Tod war das den englischen Adeligen auch ziemlich egal. Sie fanden die Idee eines normannischen Königs einfach nicht sonderlich prickelnd und ernannten lieber Harold von Wessex zum Nachfolger. Die anderen Bewerber waren beleidigt und nahmen die Wahl des englischen Adels nicht ohne Weiteres hin. Auch das ein Hinweis darauf, dass die Adeligen vielleicht gar keine so schlechte Wahl getroffen hatten. Denn wenn jemand wie Wilhelm oder Harald von Norwegen nicht mal die legitime Königswahl der englischen Adeligen respektierte, wie würde er sich ihnen gegenüber dann erst als König benehmen?

Dank dieser furchtbar schlechten Verlierer wurde die Lage für den frischgebackenen König Harold rasch kritisch. Der norwegische König verbündete sich sofort nach Harolds Wahl mit dessen Halbbruder Tostig und bereitete eine Invasion Englands vor. Gleichzeitig hörte man auch aus der Normandie, dass in den dortigen Häfen unüblich viele Kriegsschiffe herumstanden. Vielleicht ein Grund zur Sorge? Im Sommer 1066 dachte sich Harold das zumindest und zog seine Truppen an der Südküste Englands zusammen, um den erwarteten Angriff Wilhelms abzuwehren. Da stand Harold also. Der August zog vorüber. Keine Spur von Wilhelm. Der September brach an. Immer noch nichts.

Harold selbst störte das vielleicht gar nicht so sehr. Er war geduldig, und das Klima an der englischen Südküste soll ja wunderbar sein. Das Problem: Seine Truppen beherrschten diese Tugend nicht so wie er und fingen in der Zwischenzeit an, ein bisschen das Umland zu plündern. Sie hatten einfach keinen Anstand, diese mittelalterlichen Trottel. Oder lag es vielleicht daran, dass Harold vergaß, sie anständig mit Proviant zu versorgen? Jedenfalls fühlte sich Harold gezwungen, wieder von der Küste abzuziehen und sein marodierendes Heer aufzulösen. Auf der anderen Seite des Ärmelkanals musste Wilhelm sich währenddessen mit ganz anderen Problemen herumschlagen. Er hatte zwar dankenswerterweise daran gedacht, genug Proviant für seine Truppen mitzunehmen, dafür machte ihm das Wetter einen Strich durch die Rettung. Da stand er, alles vorbereitet für die große, triumphale Überfahrt nach England. Sein Sohn war brav von den normannischen Adeligen als Statthalter akzeptiert worden, die Grenze zu Frankreich war gesichert, Hunderte Schiffe standen am Kanal bereit, doch es kam einfach kein passender Wind auf. Wenn's nicht läuft, läuft's halt nicht. Auch nicht für einen Eroberer.

Bei wem es zur selben Zeit dagegen gehörig lief, war König Harald von Norwegen. Der hatte es den Sommer über geschafft, eine ganz stattliche Kriegsflotte zusammenzutrommeln, und setzte im September nach Nordengland über. Just an dem Tag, als Harold im Süden entschied, seine Truppe aufzulösen, landeten die Norweger im Norden und vereinten sich mit den dort wartenden Truppen Tostigs. Die örtliche Bevölkerung schien nicht sonderlich viel gegen diese Invasion zu haben, und die Armee Haralds und Tostigs zog fast ungehindert bis nach York. Dessen Bewohner beschlossen umgehend, sich dem Heer anzuschließen und mit in den Süden zu ziehen, um ganz England zu erobern. Mit der Loyalität der nördlichen Reichsteile konnten englische Herrscher wirklich noch nie rechnen! Harold muss sich an der Südküste währenddessen ziemlich geärgert haben. Da stand er gerade wochenlang mit einer einsatzbereiten Kompanie herum, nur um zu bemerken, dass die Normannen einfach nicht kamen, und ausgerechnet an dem Tag, als er das Heer auflöste, hörte er vom Angriff im Norden.

Harold zog die Armee also wieder zusammen und marschierte los. Innerhalb von nur zehn Tagen scheint er die Entfernung von 350 Kilometern nach York hinter sich gebracht zu haben, was an und für sich durchaus beeindruckend ist. Die Entscheidung der englischen Adeligen hatte sich angesichts dieser Leistung, so mochte man glauben, als richtig erwiesen. Harold war ihr Mann! Ganz in der Nähe von York gelang es dem dann sogar, die gegnerischen Truppen zu überraschen und in einer schnellen Schlacht zu besiegen. Sowohl Harald von Norwegen als auch Tostig starben im Kampf. Zwei von drei Widersachern wurde Harold also auf einen Schlag los. Die Sache war damit aber noch nicht ausgestanden: Nur drei Tage nach seinem Sieg bei York bekam Harold die Nachricht, dass Wilhelm an der Südküste gelandet war.

Berühmte Schlachten und plumper Tourismus

Für Wilhelm in der Normandie hätte das schlechte Wetter kaum besser sein können: Sein Gegner musste seine Truppe auflösen, nur um sie sofort wieder zusammenzurufen und 350 Kilometer nach Norden marschieren zu lassen. Nach der gewonnenen Schlacht hatten die Männer ganze zwei, drei Tage Verschnaufzeit und schon ging es die 350 Kilometer wieder zurück. Währenddessen hatte Wilhelm gemütlich an der französischen Riviera gesessen und es sich gut gehen lassen, bis sich die Wetterlage gebessert hatte. Ende September war es dann soweit, die Überfahrt konnte beginnen. Wilhelm landete mit seiner Truppe in der Nähe der Siedlung Hastings an der englischen Südküste, wo er ein Lager errichtete und erst einmal abwartete. Eine kleine Randnotiz zu diesem Ort: Wer sich den Schauplatz der berühmten „Battle of Hastings" anschauen möchte, sollte dafür nicht unbedingt in die Stadt Hastings fahren. In einem Akt atemberaubender Kleingeistigkeit gründete der Nachfolger Wilhelms dreißig Jahre später eine Kirche direkt am Ort der Schlacht und nannte sie kurz „Battle". Somit können Sie heute den Ort der „Battle of Hastings" in Battle, bei Hastings, bewundern. Ein Geniestreich! Aber zurück zur Geschichte.

Harold schaffte es tatsächlich, in einem erneuten Gewaltmarsch zurück an die Südküste zu gelangen, und traf dort mit seinen – einigermaßen erschöpften, wie man annehmen kann – Truppen Mitte Oktober ein. Aber der Oktober war wirklich nicht Harolds Monat. Obwohl er seine Truppen strategisch gut auf einem höher gelegenen Hügel platzieren konnte, hatten seine müden Männer den frisch-fröhlichen Normannen in einer langen Schlacht nichts entgegenzusetzen. Harold selbst starb im Kampf, die genauen Umstände seines Todes sind unsicher. Möglicherweise hat er einfach einen Pfeil in den Kopf bekommen. Kein allzu ehrenhafter Tod für den Champion des englischen Adels.

Aber zum Glück sind Adelige ja nicht nachtragend und sehr flexibel, was ihre Präferenzen angeht. Ein letztes Mal sträubten sie sich nach Wilhelms Sieg zwar noch, ihn zum König zu wählen, und bestimmten stattdessen den letzten Nachkommen des Hauses Wessex, Edgar Ætheling, zum Nachfolger. Der war zu der Zeit aber noch ein Teenager und wurde nie gekrönt, was auch daran lag, dass Wilhelm seine Karten richtig spielte. Nach seinem Sieg zog er von Hastings langsam in Richtung London. Unterwegs unterwarfen sich ihm schon die ersten Adeligen und Städte, darunter auch das Kirchenzentrum Canterbury. Man sieht: Nicht nur die Adeligen sind anpassungsfähig! Kurz belagerte Wilhelm dann sogar London selbst, mit der Zeit fingen aber immer weitere Teile des Adels an, sich ihm zu unterwerfen, sodass es gar nicht mehr zum alles entscheidenden Kampf kam. Wie es aussieht, war die Herrschaft eines 14-jährigen Teenagers – ich nehme an, die waren damals keinen Deut besser als heute – doch keine besonders vielversprechende Aussicht für das englische Establishment.

Zu Weihnachten 1066 hatte Wilhelm sein Ziel schließlich erreicht und ließ sich in Westminster Abbey zum König Englands krönen. Das ist an sich schon bemerkenswert, hatte doch ausgerechnet Eduard der Bekenner die Kirche erst erbauen lassen. Wilhelm wählte sie dann, ohne sich zu zieren, für die Krönung aus und ließ diese auch noch nach angelsächsischem Ritus durchführen. Er hatte halt Anstand, der gute Wilhelm! Wir haben es ja schon öfters gesehen, damals funktionierte das mit der Integration einfach besser. Seine Krönung in den letzten Wochen des Jahres 1066 brachte das Fünfkönigsjahr dann zu einem Abschluss: Nach dem Tod Eduards im Januar kam Harold für einige Monate ans Ruder, Harald von Norwegen wurde zumindest in Nordengland kurzzeitig als König anerkannt, unser Teenager King Ætheling hatte seine paar Tage Ruhm, bis schließlich mit Wilhelm der erste dauerhafte Herrscher seinen Platz auf dem Thron einnahm. Obwohl: So dauerhaft schien das alles damals gar nicht.

Ach, das ist doch morgen schon wieder vergessen

Mit dem Blick von heute wirkt die normannische Eroberung Englands wie eine historische Notwendigkeit: Sie musste einfach so kommen. Dieser Blickwinkel ist auch verständlich. So vieles von dem, was wir heute als typisch englisch betrachten, geht auf die Normannen zurück. Es gäbe ohne sie keine englische Sprache, wie wir sie kennen, das politische System des Landes hätte sich anders entwickelt, und auch die kulturelle Selbsteinschätzung wäre wohl eine andere gewesen. Ist doch logisch: Ohne das bisschen Franzosenblut wären die Engländer niemals so arrogant geworden, wie sie heute sind! Die normannische Invasion bedeutete aber vor allem eines: die Abwendung Englands von Skandinavien und die Hinwendung zum Kontinent.

Nach Wilhelms Krönung zu Weihnachten 1066 war das alles freilich noch nicht absehbar. Da erlebten die Engländer gerade den fünften König in zwölf Monaten; es dominierte also die kurzfristige Perspektive. Dass seine neuen Untertanen ihn nicht ganz ernst nahmen, ist wenig überraschend. Das war ein bisschen so wie mit den heutigen italienischen Premierministern: Es gibt wirklich keinen Grund, sich jeden Namen zu merken, so lange wird die Sache schon nicht dauern. Und mit seiner Krönung hatte sich Wilhelm ja auch bei Weitem noch nicht gegen alle Widerstände in England durchgesetzt. Vielmehr standen im Anschluss Verhandlungen mit allen möglichen Baronen an, und vor allem im Norden war die Zustimmung zu Wilhelms Herrschaft, wenn sie denn überhaupt gegeben wurde, im besten Fall halbherzig. Schließlich war dort nur wenige Monate zuvor noch Harald von Norwegen de facto als König anerkannt worden, und die dänische Bevölkerung dürfte mit der normannischen Herrschaft alles andere als zufrieden gewesen sein. In ihren Augen gingen die Normannen bestenfalls als Pseudo-Wikinger durch. Auf die dänische Bevölkerung Englands müssen sie gewirkt haben wie Texaner auf heutige Briten. Irgendwann gab es da mal gemeinsame Wurzeln, aber die wirken heute weit, weit weg.

Schon kurz nach Wilhelms Krönung kam es so zu ersten Aufständen gegen seine Herrschaft, und zwei Jahre später war der Norden in offener Revolte. Wilhelm verbrachte seine ersten Jahre in England also fast ausschließlich damit, kreuz und quer durch das Land zu ziehen, irgendwelche dahergelaufenen Heere zu bekämpfen und unterwegs Burgen zu bauen, um seine Herrschaft irgendwie abzusichern. Es spricht für seine militärischen Fähigkeiten, dass er das bis 1071 zu einem mehr oder weniger erfolgreichen Abschluss bringen konnte. Ganz still wurde es im Norden zwar nicht, doch wie jeder, der jemals in Nordengland war, bestätigen wird, kann man es denen ohnehin nicht recht machen. Normannische Herrschaft passte ihnen nicht, die Tudors passten ihnen nicht, Margaret Thatcher passte ihnen nicht. Das sind einfach ewige Nörgler.

Wilhelm konnte nun erstmal mit dem Umbau des englischen Systems beginnen. Das Land sollte sich in den nächsten Jahren wirklich bis auf die Grundfesten verändern. Auf seiner Überfahrt und vor allem nach seinem Sieg brachte Wilhelm zahlreiche normannische Adelige mit nach England, die dort ihre Form der Herrschaft etablierten. Das System in der Normandie war damals ja ein grundlegend anderes als in England. Dort war das klassische Feudalwesen viel stärker fortgeschritten. Wilhelms Herrschaft beruhte daher in erster Linie auf dem Hochadel als seinen direkten Untergebenen, kein Wunder also, dass er einige von ihnen auch nach England mitnehmen wollte. Auf der Insel waren Ausländer aber auch damals schon in etwa so beliebt wie heute. Der Geschichtsschreiber Wilhelm von Malmesbury beklagte sich eine Generation später etwa, dass „England eine Wohnstätte von Ausländern" geworden sei. Hätte er das auf einen Bus geschrieben, wäre das ein toller Slogan geworden.

Obwohl die normannische Oberschicht, die mit Wilhelm nach England kam, zahlenmäßig kaum von Bedeutung war, erwiesen sich die Folgen ihrer Anwesenheit bald als unübersehbar. Als Wilhelm zwanzig Jahre später die englischen Ländereien und deren Besitzer im sogenannten „Domesday Book" festhalten ließ, war schon fast die Hälfte des Landes im Besitz normannischer Fürsten! Nur noch fünf bis acht Prozent des Bodens waren in der Hand angelsächsischer oder dänischer Adeliger, der Rest gehörte dem König und der Kirche. Die Normannen, die zu der Zeit vielleicht ein Prozent der englischen Bevölkerung ausmachten, bildeten zwanzig Jahre nach ihrer Ankunft also nahezu die gesamte Oberschicht des Königreichs. Die Folgen davon sind noch heute in der Sprache erkennbar. Aber Sie kennen die Cow-Beef-Geschichte ja sicher.

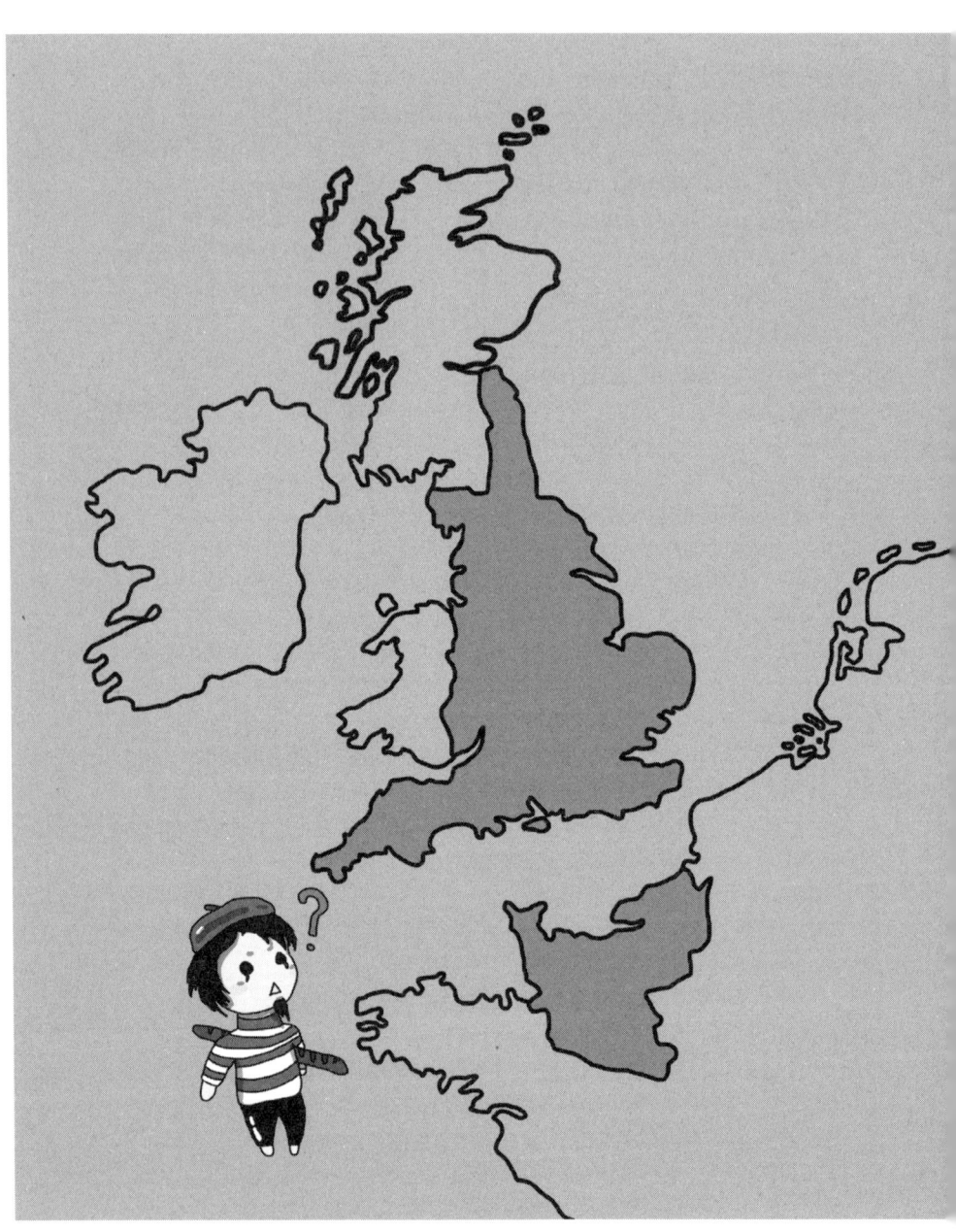

Kapitel 4

Wie Johann Ohneland den Kontinent verlor und zum David Cameron des 13. Jahrhunderts wurde

England war schon immer ein europäisches Land, auch wenn einige besonders stolze Engländer das gerne vergessen. Das ist nichts Neues. Auch in der Vergangenheit gab es immer Leute auf der Insel, die mit Europa rein gar nichts zu tun haben wollen, nur weiß man heute nichts mehr davon. Wahrscheinlich weil sich damals noch keiner die Mühe gab, seine Europhobie schriftlich auf Doppeldeckerbussen zu hinterlassen. In der Zeit direkt nach dem Normanneneinfall war England aber nicht nur ein europäischer Staat wie viele andere, es war das, was bei der UKIP Beißreflexe auslöst: einer der großen europäischen Mächte. Wilhelm war ja, wenn wir sein Wikingerblut mal ignorieren, de facto Franzose, und der Fokus der englischen Politik war daher klar auf Europa gerichtet. Noch blöder für UKIP: Davon profitierte das Land damals auch noch ganz ordentlich!

Das Herrschaftsgebiet der englischen Könige konnte sich zu jener Zeit auf eine stattliche Größe ausdehnen, was vor allem an Ländern auf dem europäischen Festland lag. Den Höhepunkt erreichte dieser Trend mit der Herrschaft Heinrichs II. hundert Jahre nach der Eroberung durch Wilhelm, also Mitte des 12. Jahrhunderts. Er kontrollierte neben England und der Normandie weite Teile Westfrankreichs bis zu den Pyrenäen im Süden. Genauer gesagt waren das die Herzogtümer Aquitanien, Gascogne und Bretagne sowie die Grafschaften Anjou, Tours and Maine – so viel französische Geografie für alle, die bei der nächsten Party ein wenig angeben oder in Brexit-Kreisen für Unruhe sorgen wollen. Die von Heinrich kontrollierten Länder verliefen also von der Normandie im Norden bis an die spanische Grenze im Süden, und wer im Atlas nachschaut und das große Frankreich mit dem doch eher mickrigen England vergleicht, wird zugeben müssen, dass diese Länder nicht ganz unbedeutend waren.

Um es auf den Punkt zu bringen: Im 12. Jahrhundert war England alles andere als eine selig vor sich hindämmernde, heimelige Insel. Nein, England war eine einflussreiche europäische Macht. Mit seinen ausgedehnten Ländereien in Frankreich war der englische König zudem der größte Lehnsfürst der französischen Könige. Kein Wunder, dass denen diese Tatsache überhaupt nicht in den Kram passte und sie die Engländer eigentlich gerne aus dem Land haben wollten. Und die Franzosen hatten unverschämtes Glück, denn Ende des Jahrhunderts kam in England ein Herrscher an die Macht, der ihnen innerhalb kürzester Zeit den Gefallen tun und aus Frankreich verschwinden sollte. Absicht war das sicherlich nicht, aber manchmal kann man sich seinen König eben nicht aussuchen. Und aus freien Stücken hätte man diesen König wahrscheinlich selbst auf der Insel nicht eingestellt. Seine Reputation ist in England heute sogar so schlecht, dass er dort schlicht und ergreifend den Beinamen „the bad" trägt. Neben seinen vielen sonstigen Versäumnissen hat er vor allem eines zu verantworten: die fast vollständige Vertreibung Englands vom Kontinent und damit den ersten Brexit der Geschichte!

Als Wein aus Bordeaux noch englisch war

Doch wie kamen die Normannenkönige Englands überhaupt zu diesem gigantischen Besitz in Frankreich? War er die Beute glorreicher Feldzüge, das Ergebnis genialer Strategen und ausgefeilter kriegerischer Kampagnen? Nichts da! Es war einfach eine Menge Glück. Hinzu kamen die cleveren Schachzüge eines Adelsgeschlechts in Frankreich, die das alles erst ermöglichten. Die einzige Kröte, die die englischen Könige bei der ganzen Expansion zu schlucken hatten: Die Normannen durften sich nicht mehr Normannen nennen, womit auch der letzte Rest ihrer Wikingervergangenheit ausgelöscht wurde. Das aber war nicht weiter schlimm, im 12. Jahrhundert waren Wikinger nicht mehr en vogue und die Engländer wahrscheinlich froh, diese veralteten, ranzigen Wurzeln loszuwerden. Und Angevinisches Reich klang doch gar nicht so übel!

Angevinisch. Der Name hat mit den Normannen oder den Engländern nichts zu tun, er stammt von den Fürsten von Anjou. Dieses Adelsgeschlecht hatte es in Frankreich zu viel Ruhm und Einfluss gebracht, kontrollierte weite Länder in Mittel- und Westfrankreich und gehörte damit zu den mächtigsten Familien im Land. Ihre Verbindung mit England und damit der Anstoß zur englischen Expansion begann im Jahr 1128, als Graf Gottfried von Anjou auf die einigermaßen brillante Idee kam, sich mit Matilda, der Tochter Heinrichs I. von England, zu vermählen. Die war zuvor zwar schon dem inzwischen verstorbenen deutschen Kaiser angetraut worden, aber solche Kleinigkeiten stören bekanntlich nicht, solange genug Land im Spiel ist. So verhält es sich mit bayerischen Bauern heute noch: „400 Hektar moanst? Jo mei, das werd mei Frau scho ned so ernst seng."

Was sich zunächst einmal fantastisch anhört, war für England allerdings gar keine so gute Nachricht. Denn Matilda scheint eine recht – sagen wir mal – eigenwillige Frau gewesen zu sein. Knapp zehn Jahre nach ihrer Eheschließung in Anjou zog sie einfach mal so mit einer Invasionsarmee nach England, wo inzwischen ein gewisser Stephan, ein Neffe ihres Vaters Heinrich, auf den Thron gekommen war. Sie nahm ihn kurzerhand gefangen und erklärte sich 1141 selbst zur Königin. So war das mit der „Union mit Anjou" von englischer Seite sicher nicht geplant gewesen. Was Matilda bei ihrem Coup allerdings nicht bedachte, war, dass die englische Bevölkerung – Sie wissen schon, die mit diesen Schlössern und Butlern und so – da auch noch ein Wörtchen mitzureden hatte. Und die war nicht gerade angetan und zettelte sofort einen Aufstand an, der sich gewaschen hatte. Die Folge war, dass Matilda nach einigen Jahren ihre englischen Avancen entnervt aufgab und sich in die Normandie zurückzog. Stephan übernahm wieder die Kontrolle in England, kam aber mit Matilda darin überein, dass deren und Gottfried von Anjous Sohn – netterweise nach seinem Opa Heinrich benannt – ihm nach seinem Tod auf den Thron nachfolgen sollte. Dafür adoptierte Stephan den Jungen sogar, was in Anbetracht der Tatsache, dass Heinrich zu dem Zeitpunkt zwanzig Jahre alt war, einigermaßen merkwürdig anmutet. Die unangenehmen Gespräche beim Abendessen kann man sich ausmalen. Aber wie gesagt: Es ging um viel. Um ganz schön viel Land!

Gute zehn Jahre später, 1154, starb Stephan schließlich, und sein Adoptivsohn Heinrich wurde tatsächlich zum König Englands. Zu dem Zeitpunkt hatte er aber auch in Frankreich schon wieder eine ganze Menge Land angesammelt. Seit vier Jahren war er Herzog der Normandie, und nach seiner Hochzeit mit Eleonore von Aquitanien im Jahr 1152 kam fast der gesamte Süden Frankreichs dazu. Mit Heinrichs Übernahme der englischen Krone starb die normannische Dynastie dort in ihrer Hauptlinie aus, und die Angeviner, eben in der Person Heinrichs, übernahmen das gesamte Herrschaftsgebiet.

Gemerkt haben dürfte das übrigens niemand so richtig. Schließlich sind die Familienzusammenhänge nicht sonderlich klar, und die Neigung zur Inzucht zwischen europäischen Herrscherhäusern tat ihr Übriges. Heinrich II. war zwar an sich der Enkel Heinrichs I., der ja bekanntlich ein Normanne war. Da seine Mutter aber, wie bei Müttern nicht unüblich, nur eine Frau war und außerdem auch noch einen Anjou geheiratet hatte, half ihm das herzlich wenig. Die Dynastie hieß jetzt jedenfalls angevinisch. Und auch wenn der Name „Angevinisches Reich" etwas großkopfig klingt, entsprach dem doch ein ganz respektabler Haufen an Ländern. Das sollte Heinrich schon bald in direkten Konflikt mit dem französischen König bringen. So war er zwar König Englands, in Frankreich aber nur vierfacher Herzog und dreifacher Graf – geradezu lächerlich also! Genau das sollte sein unfähiger Sohn etwas später auch finden und das Ganze der Reihe nach verhökern.

Johann Ohneland. Was wohl mit dem Beinamen gemeint ist?

Was Heinrich dem englischen Königreich einbrachte, verlor sein Sohn schneller, als Theresa May drei Mal „strong and stable" sagen kann. Dieser wenig begnadete Prinz trug den Namen Johann, und seine Herrschaft hätte nie sein sollen. Geboren wurde er 1166 als der vierte Sohn Heinrichs und Eleonores. Vierter Sohn einer Königsfamilie wollte man im 12. Jahrhundert beim besten Willen nicht sein! Als Erstgeborener standen die Chancen ja ganz gut, eines Tages König zu werden. Auch Zweitgeborene konnten sich noch Hoffnungen machen; der ältere Bruder konnte ja unerwartet sterben, ob auf natürlichem Wege oder mit etwas Hilfe. Aber als Viertgeborener? Da war die Lage ziemlich hoffnungslos. Der junge Johann blieb auch nicht davon verschont. Schon als Kleinkind bekam er seinen ersten und prägendsten Beinamen: Johann Ohneland, beziehungsweise „Lackland" oder „Sans Terre", je nachdem, welche der Sprachen Englands man bevorzugte. Dafür, dass er wohl niemals viel Land besitzen würde oder gar regieren durfte, konnte der junge Johann erstmal nichts. Im Laufe der Jahre sollte er sich diesen Titel dann aber reichlich verdienen!

Der kleine Johann hatte es nicht leicht. Nicht nur trug er einen furchtbar peinlichen Spitznamen, nein, sein Bruder sollte ausgerechnet den coolsten Namen überhaupt bekommen: Richard Löwenherz. Johanns und Richards Vater war trotz alledem ausgesprochen bemüht, seine vier Söhne halbwegs fair zu behandeln. Er versuchte immer wieder, seine Herrschaftsgebiete zwischen ihnen aufzuteilen, um es möglichst allen recht zu machen. Aber Sie wissen ja, wie das mit reichen Bengeln so ist: Man kann es ihnen halt einfach nicht recht machen. Die drei älteren Brüder rebellierten irgendwann sogar offen

gegen den König im Versuch, seine Herrschaft direkt an sich zu reißen. Jetzt kann man darin natürlich ein ziemlich respektloses Verhalten sehen. Andererseits wird Ihnen jeder Kinderpsychologe bestätigen, dass das immer an der falschen Erziehung liegt. Heinrich war
also wirklich selber schuld, was verhätschelte er seine Söhne auch
so!

Für Johann hatte die Rebellion seiner Brüder einige unerwar-
tete Vorteile. Nachdem der Aufstand gescheitert war, übertrug sein
Vater ihm kurzerhand die Herrschaft über Irland! Immerhin hatten seine drei verzogenen Söhne ihn betrogen, und da fiel ihm wohl
einfach nichts Besseres ein, als seine Hoffnungen in den vierten
verzogenen Sohn zu setzen ... Andererseits: Auch die Irland-Sache
war gelinde gesagt ein Luftschloss. Es war doch erst Heinrich selbst
gewesen, der Irland mehr oder weniger in den englischen Herrschaftsbereich hatte rücken können. Und auch das bedeutete nicht
viel: Die englische Herrschaft ging auf der grünen Insel in Wirklichkeit nicht weit über den Dubliner Raum und die Südküste hinaus. Sogar da waren es meist aufmüpfige englische Adelige aus dem
walisischen Grenzland, die an den wichtigen Schalthebeln saßen
– wirklich die undankbarste Brut, die das Land zu bieten hatte! Da
gab man ihnen so schönen Landbesitz in den Sümpfen Westeng-
lands, und sie waren immer noch nicht zufrieden und mussten sich
auch noch in Irland breitmachen! Das irische Landesinnere dagegen wurde fast ausschließlich von einheimischen Fürsten kontrolliert, mit denen die englische Herrschaft auch keine große Freude
hatte. Herrscher über Irland war also, so viel ist sicher, kein allzu
beeindruckender Titel.

Für den neuen Herrn Irlands, den Johann Gar-nicht-mehr-so-
Ohneland, schien sich das Glück im Laufe der Jahre trotz alledem
zu wenden. 1189 starb nämlich der alte König Heinrich, und Johanns
Bruder Richard Löwenherz folgte ihm auf den Thron nach. Das war
schon reichlich unwahrscheinlich, war doch Richard immerhin der
Drittgeborene! Das heißt, im Jahr 1189 waren die ältesten zwei Brü-

der bereits tot – und Johann gerade einmal 23 Jahre alt. Er konnte sich so doch noch Hoffnungen auf die Krone machen. Wenn nur dem guten alten Richard etwas zustoßen würde …

Richard Löwenherz: Wozu braucht man überhaupt einen König?

Richards Herrschaft stellt für England eine ziemlich ungewöhnliche Episode dar und ist eine mythenbeladene Zeit der englischen Geschichte. Viele bekannte Legenden Englands stammen aus genau dieser Epoche. Ja, Richards Leben wurde sogar selbst zu einer Legende! Ansonsten fällt einem natürlich die Sache mit Robin Hood ein, der in genau dieser Zeit im Sherwood Forest sein Unwesen getrieben haben soll. Auch wenn Sie die Geschichte um Richard und Johann gar nicht so sehr interessiert, sollten Sie trotzdem weiterlesen. Denn hier erfahren Sie, wogegen die Rebellen von Nottingham überhaupt kämpften und warum sie Geld von den Reichen stahlen, um es den Armen zu geben. Denn das hat doch alles seine historischen Wurzeln – zumindest ein bisschen.

Also, warum trieben sich diese Banditen nun in diesem sicher nicht sonderlich bequemen Sherwood Forest herum? Das hat denselben Grund, der Richards Herrschaft generell so außergewöhnlich macht: die Tatsache, dass sich der König eigentlich nie im Land befand. Er hatte einfach Wichtigeres zu tun! Kurz vor dem Tod des alten Königs Heinrich wurde Jerusalem von den muslimischen Truppen Saladins eingenommen, worauf eine Gruppe europäischer Herrscher gelobte, sich auf einen Kreuzzug zu begeben und den bösen Ungläubigen aufzuhalten. Es war übrigens bereits der dritte Kreuzzug, man könnte also annehmen, dass die Herrscher Europas inzwischen begriffen hatten, wie wenig für sie dort zu holen war. Aber weit gefehlt … Sie haben es in Wirklichkeit bis heute nicht verstanden. Einer dieser kriegsgeilen Herrscher war unser Heinrich von England. Als er 1189 starb, schwor sein Sohn Richard, für ihn in den Kreuzzug zu ziehen, was er gleich im ersten Jahr seiner Herrschaft auch tat.

Diese Entscheidung kann man ihm kaum verübeln. Schließlich konnten europäische Könige mit Kriegen im Ausland viel Ruhm gewinnen, und Ruhm zählte oft mehr, als zu Hause eine funktionierende Regierung zu führen. Dieser Grundsatz gilt für viele Politiker heute noch: Ist die Lage im Land zu kompliziert und kommt man mit seinen Reformideen nicht so recht weiter, bleibt immer noch, irgendwo im Ausland einen Krieg anzuzetteln. Nichts lenkt die Bevölkerung besser ab als ein bisschen Krieg-Führen! Was für den Irakkrieg von 2003 gilt, traf eben auch schon für die Kreuzzüge 800 Jahre davor zu. In dieser dritten Auflage, an der Richard Löwenherz teilnahm, war einer seiner Kollegen der deutsche Kaiser Friedrich Barbarossa, der bekanntlich schon auf dem Weg nach Jerusalem verstarb. Der Überlieferung nach soll er den dümmsten Tod des Jahrhunderts gestorben und ertrunken sein, als er in voller Rüstung schwimmen gehen wollte. Ein Genie! Nun dürfte das wohl wirklich nur eine Legende sein, auch wenn mittelalterliche Herrscher schon ziemlich behämmert waren.

Die Abwesenheit Richards bedeutete für England, dass die Verwaltung zunehmend selbstständig arbeiten musste. Zu der Zeit etablierte sich das „Exchequer" als wichtigste Verwaltungseinheit des Königs und tat schon damals, was es heute tut: so viele Steuern einheben wie nur irgend möglich. Ein Kreuzzug kostet immerhin eine ganze Stange Geld! Und genau diese massive Besteuerung bildet die historische Grundlage für die Legende des Robin Hood. Die freundlichen Banditen aus dem Sherwood Forest standen, so die Geschichte, gegen diese exzessiven Steuern auf und reagierten darauf mit Raub, Mord und Totschlag. Heute würden sie wahrscheinlich auf irgendeiner Terrorliste landen, und alle Besucher des Sherwood Forest müssten am Eingang ihr Gepäck abgeben und dürften nur 100 Milliliter Flüssigkeit mit sich führen.

Ähnlich wie heute waren die Terroristen auch damals etwas ungenau bei der Wahl ihrer Opfer. Sie haben jedenfalls vernachlässigt, dass es ja gerade die Reichen waren, die die Steuern Richards zu bezahlen hatten, nicht die Armen. Das wäre aber auch ein bisschen zu komplex und ließe sich in einem Disney-Film wohl nur schwer darstellen. „Mama, warum rauben die Banditen denn die Reichen aus?", würden Eltern dann gefragt werden. „Nun, sie sehen sich als Vorkämpfer des Proletariats, die gegen die üble Bourgeoisie aufstehen. Dabei verstehen sie aber die Komplexität der sozioökonomischen Zusammenhänge nicht vollständig und verfolgen stattdessen eine simplifizierte ideologische Agenda. So einfach ist das, mein Kind." Es ist also vielleicht ganz gut, dass die Geschichte bei Disney etwas vereinfacht wird. In der Verfilmung kommt unser guter Johann übrigens sogar persönlich vor! Prinz John wird da netterweise wie sein Bruder als Löwe dargestellt. Allzu gut kommt er trotzdem nicht weg.

Im realen England des Mittelalters wurde die Lage aber erst richtig kritisch, als Richard sich schon auf dem Heimweg aus dem Heiligen Land befand. Dieser Kreuzzug war ja eine spektakuläre Niederlage, die man dessen ungeachtet in ganz Europa als Teilerfolg uminterpretierte. Auch diese Taktik kennen wir ja von heutigen Politikern zur Genüge. „Die Gespräche fanden in guter Atmosphäre und auf Augenhöhe statt. Wir konnten uns erfolgreich positionieren", hören wir da oft, wenn in Verhandlungen überhaupt nichts weitergeht. So auch in den 1190ern. Jerusalem konnte nicht zurückerobert werden, das einzige erklärte Ziel der Kreuzfahrer. Stattdessen ließen sich die Ritter von Saladin zusagen, dass christliche Pilger freien Zugang in die Stadt haben sollten. Ja, dafür lohnt sich so ein Marsch in den Nahen Osten auf alle Fälle! Die Rückreise im Jahr 1192 lief für Richard nicht viel so erfolgreicher. Nach einer Bruchlandung mit seinem Schiff in der Adria kämpfte er sich in einem Gewaltmarsch über die Alpen in Richtung Norden und wurde dort auch noch von Truppen Leopolds von Österreich gefangen genommen. Ausgerechnet in Wien Erdberg, sollte man hinzufügen. Jeder, der schon mal mit dem Bus nach Wien gefahren ist und den Busbahnhof Wien Erdberg live erlebt hat, kann sich vorstellen, wie wenig man sich wünscht, ausgerechnet dort gefangen genommen zu werden. Leopold verlangte von England eine enorme Lösegeldsumme für die Freilassung Richards, die nach mehr als einem Jahr schließlich auch gezahlt wurde. Dabei handelte es sich übrigens um so viel Geld, dass die Österreicher davon die gesamte Festung Wiener Neustadt errichten konnten.

Zahlen durften das, wieder mal, die englischen Adeligen. Das Ganze dauerte allerdings nicht unbedingt deshalb so lange, weil die Engländer das Geld erst zusammenkratzen mussten. Vielmehr arbeitete Richards kleiner Bruder Johann in jenen Tagen an einem Plot, Richard vom Thron zu stoßen. Bevor die Lösegeldforderung es überhaupt nach England schaffte, ging dort bereits das Gerücht um, Richard Löwenherz wäre gefallen. Für Johann erfüllten sich damit alle Träume! Endlich war auch der letzte Bruder tot, und er konnte selbst König werden. Eine Zeit lang kollaborierte er zu diesem Zweck sogar mit dem Erzfeind Frankreich, um seine Ansprüche gegen den englischen Adel durchzusetzen, der kein großer Fan Johanns war. Als dann jedoch klar wurde, dass Richard nicht verstorben war, konnte der arme Johann all diese Pläne wieder vergessen und bezahlte zähneknirschend das geforderte Lösegeld. Die Reaktion Richards auf den Verrat seines Bruders sagt viel darüber aus, was alle Welt von Johann hielt. Sinngemäß erklärte der englische König: „Mein Bruder Johann ist kein Mann, der irgendein Land einnimmt, wenn es dort nur einen Menschen gibt, der auch nur den geringsten Widerstand leistet." Als Lob lässt sich das nicht gerade verstehen. Aber dementsprechend schnell vergab Richard seinem Bruder dann auch – eine Gefahr schien ja nicht von ihm auszugehen.

Richard kam 1194 nach vier Jahren im Ausland also wieder nach England zurück. Lange blieb er aber auch diesmal nicht. Schätzungen zufolge war Richard in seiner gesamten Zeit als König nicht mehr als sieben Monate in England. Dagegen sind Donald Trumps Wochenendausflüge nach Mar-a-Lago fast schon lächerlich! Mitte der 1190er-Jahre setzte Richard gleich wieder nach Frankreich über, wo sein alter Kreuzzugsfreund König Philipp August sich in den Kopf gesetzt hatte, die Engländer aus dem Land zu werfen. Das sollte eine längerfristige Sache werden. Über die nächsten fünf Jahre konnte Richard zwar viele dieser französischen Versuche erfolgreich zurückschlagen, 1199 traf ihn in der Schlacht aber ein Pfeil in den Kopf, und da war es dann um den mutigen König Löwenherz geschehen.

Als König kann man also trotz zehnjähriger Regierungszeit nicht viel über Richard sagen. Er war eigentlich ständig mit Kriegen im Ausland beschäftigt. Aber zumindest seinen Beinamen Löwenherz und den Ruf als mutigster König Englands kann man ihm wohl kaum absprechen. Er muss schon ein ziemlich harter Kerl gewesen sein, und einen Pfeil im Kopf kann auch nicht jeder vorweisen. Für Johann hingegen war mit Richards Tod doch noch der langersehnte Tag gekommen. Endlich war auch der letzte Bruder tot, und er, der jüngste von einst vier Brüdern, konnte entgegen jeder Wahrscheinlichkeit den englischen Thron besteigen. Komisch nur, dass sich heute niemand an die Regierungszeit Johanns erinnert. Ob es daran liegt, dass er als König so schlecht war, dass er bald nur noch „John the Bad" genannt wurde? Vielleicht. Aber zumindest schaffte er es nun endlich, seinen furchtbaren Spitznamen „Ohneland" loszuwerden. Und das ist doch auch was.

Darf man denn gar keine Schonfrist mehr haben?

Johann hatte als König aber bei aller Unfähigkeit auch wirklich ordentliches Pech. Das fing schon bei der Thronbesteigung an. Philipp von Frankreich sah überhaupt keinen Grund, mit dem Tod Richards sein Steckenpferd, die englischen Könige aus der Nachbarschaft zu vertreiben, aufzugeben. Und so setzte er sofort wieder zum Angriff an.

Er unterstützte sogar einen gegnerischen Anspruch auf die Krone Englands, den eines gewissen Arthur von der Bretagne. Der war der Sohn eines der älteren Brüder Johanns. Damit stand er in der Thronfolge theoretisch über diesem, war im Jahr 1199 aber erst zwölf Jahre alt. Die Adeligen Englands und der Normandie schlugen sich also letzten Endes doch auf die Seite Johanns. So ein Teenager auf dem Thron war für sie wohl immer noch nicht sonderlich verlockend. Und die ganzen Boyband-Poster aus den Privatgemächern zu entfernen, wäre eine furchtbar langwierige Arbeit gewesen ... Wobei: Die Hereditary Knighthood Boys waren schon eine tolle Truppe damals! Als aber klar wurde, dass der von Philipp unterstützte bretonische Teenager keine Chancen beim Adel hatte, ließ der französische König sich zu einem Waffenstillstand überreden, und Johann konnte seine Herrschaft zunächst einmal festigen. Das hatte er auch bitter nötig.

Nun war es so, dass er in den französischen Ländern nicht gerade einen sicheren Stand hatte – und das auch ganz ohne die Angriffe Philipps. Besonders im Süden Frankreichs, der ja erst vor Kurzem an die englischen Könige gefallen war, sahen sich die Adeligen als kulturelle Franzosen und hatten mit England nichts am Hut. Schließlich war ja auch Philipp August von Frankreich ihr König, die englischen Könige standen lediglich als Herzöge und Grafen dazwischen. Dasselbe Problem entwickelte sich mit der Zeit sogar in der Normandie, wo die Verbindungen zu England doch viel stärker ausgeprägt waren. Gleich zu Beginn seiner Regierungszeit kam Johann also in Konflikt mit den kleineren Adeligen in Frankreich. Einige von ihnen, vor allem im Süden, beschwerten sich irgendwann bei ihrem Lehnsherrn, dem französischen König, über die unfaire Behandlung vonseiten Johanns. An der Sache war Philipp wahrscheinlich von Anfang an nicht ganz unbeteiligt. Er rief Johann 1202 nach Paris, wo dieser sich am Hof des Königs verantworten sollte, wie es bei Lehnsstreitigkeiten üblich war. Johann war aber zu stolz, so einem Befehl nachzukommen. Als Herzog der Normandie musste er nicht in Paris Hommage leisten, sondern konnte dies an der Grenze der Norman-

die tun. Dass er nicht als normannischer Herzog, sondern als süd-
französischer Graf nach Paris berufen wurde, war Johann wohl einfach zu kompliziert. Oder er wollte es nicht verstehen, der alte
Sturkopf.

Philipp reagierte auf diese Weigerung auf die einzige Art, die er
kannte: Er erklärte Johanns französische Länder für annektiert und
rief eine Armee zusammen. Hart, aber zumindest ehrlich. Wladimir Putin hingegen macht so etwas heute, ohne vorher die Anne-
xion anzukündigen, und weiß dann partout nicht, von welchen „rus-
sischen Soldaten auf der Krim" da die Rede sein soll. Johanns Neffe
Arthur, inzwischen im stolzen Alter von fünfzehn, schloss sich umgehend den Franzosen an, und 1202 – im dritten Jahr seiner Herrschaft – musste Johann nach Europa übersetzen, um sein Reich gegen
die französische Bedrohung und den jungen Anwärter auf den Thron
zu verteidigen.

Uneinnehmbar, habe ich gesagt!

Philipp machte sich unterdessen schon einmal daran, die Normandie zu überfallen, während seine Verbündeten um Arthur sich den
Süden vornahmen. Die Verteidigungsstrategie Johanns war denkbar
einfach: Er ging gegen die doppelte Bedrohung in Nord und Süd
dadurch vor, dass er einen Teil des Ungemachs einfach ignorierte. So
ließ er die Barone in der Normandie mit der Verteidigung des alten
normannischen Herzlandes allein, während er mit seiner gesamten
Armee in den Süden zog. Was auf den ersten Blick einigermaßen
dämlich klingt, machte aber durchaus Sinn. Die Normandie war ein
gut verteidigtes Herzogtum, und insbesondere die Grenze zur Isle de
France, dem Machtzentrum der französischen Könige, war mit einer
Reihe mächtiger Festungen abgesichert. Noch Richard Löwenherz
hatte die letzte und massivste dieser Festungen, das Château Gaillard,
erbauen lassen; sie galt zu der Zeit als uneinnehmbar. Andererseits

weiß jeder, der schon einmal von der Titanic gehört hat, dass man mit solchen Aussagen zurückhaltend sein sollte.

Im Süden war die Sache für Johann um ein Vielfaches komplizierter. So war seine Herrschaft dort unter der lokalen Bevölkerung weniger akzeptiert als in der Normandie, die immerhin das Stammland der Normannen war. Dort waren Johanns Vorgänger schon seit 300 Jahren Herzöge und hatten dementsprechend solide Strukturen entwickelt. Auch in Anjou wurde die Regentschaft Johanns noch einigermaßen akzeptiert. Im Süden aber, insbesondere in Aquitanien, sah die Sache ganz anders aus. Die Länder dort waren erst durch die Ehe von Johanns Vater mit Eleonore von Aquitanien an England gekommen. Und Eleonore war 1202 sogar noch am Leben! Da kann man sich schon denken, dass die Bewohner Aquitaniens vom Sohn Eleonores im weit entfernten England nicht besonders viel hielten. Oder wie viel wissen Sie über den Sohn Ihres Ministerpräsidenten?

Johanns Mutter spielte bei Johanns erstem Überraschungssieg 1202 eine ganz entscheidende Rolle. Sie wurde gleich nach Kriegsbeginn von Arthur und seinen Verbündeten in der Festung Mirebeau aufgegriffen und dort festgehalten. Johann kam ihr in kürzester Zeit zu Hilfe und traf in Mirebeau ein, bevor die Verbündeten Frankreichs mit ihm gerechnet hatten. In einer schnellen Schlacht besiegte er die Aufständischen und nahm alle Anführer samt seinem Neffen Arthur gefangen. Johanns Kampagne, seinen Besitz gegen den König Frankreichs zu verteidigen, schien so bereits nach kürzester Zeit zu einem erfolgreichen Abschluss gekommen zu sein! Doch Johann wäre nicht „John the Bad", wenn er solche Erfolge einfach ausgenutzt hätte. Nein, stattdessen versaute er es sich ordentlich mit seinen Verbündeten und behielt alle Gefangenen für sich selbst. Das stellte bei den damaligen diplomatischen Gepflogenheiten einen ziemlichen Fauxpas dar. Immerhin waren Gefangene direkt mit Lösegeldforderungen verbunden! Von Johanns Unhöflichkeit abgeschreckt, liefen somit mehr und mehr seiner Verbündeten zum Feind über.

Johanns weitere Taktik half dann auch nicht. Schon 1203 machten erste Gerüchte die Runde, dass Arthur von der Bretagne in Johanns Gefangenschaft gestorben sei. Tatsächlich hatte ihn schon monatelang niemand mehr gesehen. Johann versicherte umgehend, sein Neffe wäre wohlauf und am Leben. Trotzdem – oder gerade deshalb – brodelte die Gerüchteküche weiter und legte noch einen Zahn zu. Nach heutigem Wissensstand lässt sich kaum daran zweifeln, dass Johann die Ermordung seines Neffen in Auftrag gegeben hat. Es ist sogar gut möglich, dass er ihn persönlich erschlagen hat. Auch das ist kein Thema, das beim familiären Abendessen für allzu gute Stimmung sorgt. Seinem Ansehen half diese Aktion ebenfalls nicht. Vielmehr überzeugte Johanns tyrannisches Auftreten nur noch mehr französische Adelige davon, sich von ihm abzuwenden und sich Philipp anzuschließen. Sogar in der Normandie gelangten seine bisherigen Gefolgsleute zu der Ansicht, dass die direkte Unterwerfung unter den französischen König besser wäre als die Herrschaft Johanns als Herzog. Der Adel bevorzugte es, sich freiwillig den Franzosen zu unterwerfen … Johanns Herrschaft muss wahrlich furchtbar gewesen sein.

Natürlich war daran Johann nicht alleine schuld. Dieser Prozess spielte sich schon über 150 Jahre ab. Seit der Invasion Englands durch Wilhelm den Eroberer drifteten die beiden normannisch kontrollierten Länder, England und die Normandie, langsam, aber sicher auseinander. Kontakte zwischen den neuen englischen Adeligen und ihren Cousins auf dem Kontinent wurden mit der Zeit immer weniger. In Frankreich setzte sich beim Adel darüber hinaus zunehmend das Bewusstsein durch, kulturelle Franzosen zu sein. Man sprach französisch und hatte mit den Nachbarn in der Isle de France einiges gemeinsam – mehr als mit den eigenartigen Cousins auf der Insel jedenfalls. Ob damals schon lauwarmes Bier eine Rolle bei der Entfremdung gespielt hat, ist leider nicht überliefert.

Die Abwendung so vieler normannischer Adeliger verhieß für Johann nichts Gutes. Zu allem Überfluss weigerten sich in der Normandie aber auch immer öfter seine angeheuerten Söldner, gegen Philipp in die Schlacht zu ziehen. Die meisten von ihnen rekrutierte Johann nämlich in Südfrankreich, und Philipp war ihr oberster Lehnsherr. Auch wenn viele von uns es heute noch gerne würden: Gegen den eigenen Chef in die Schlacht zu ziehen ist keine sehr gute Idee. In Anbetracht dessen schien Johann Ende 1203 endgültig aufgegeben zu haben. Er setzte zurück nach England und sollte vor Ende des Krieges nicht mehr wiederkehren. In der Normandie fiel dann Anfang 1204 die so unbezwingbare Festung Gaillard, was Johanns Herrschaft über die Region den finalen Todesstoß versetzte. Die Hauptstadt Rouen konnte sich zwar zunächst noch halten, öffnete den französischen Truppen einige Monate später aber kampflos die Tore.

Als dann auch noch Johanns Mutter Eleonore starb, sahen die Adeligen im Süden gar keinen Grund mehr, ihm gegenüber loyal zu bleiben, und wechselten schneller die Seiten als Theresa May nach dem Brexit-Votum. So blieb Johann nach zwei Jahren Krieg in Frankreich nur noch ein Häufchen Land um Bordeaux übrig. Aber das war immerhin ein moralischer Sieg. Wenn nach dem Brexit erst einmal die Zölle wieder eingeführt werden, werden sich die heutigen Engländer noch wünschen, Wein aus Bordeaux wäre kein Importprodukt.

Die Rückeroberungspläne Johanns: „On hold for the moment"

Natürlich ließ Johann diesen enormen Verlust nicht auf sich sitzen. Als stolzer Kriegerkönig, der er war, zog er schon im Jahr darauf sein gesamtes Feudalheer in Portsmouth zusammen, um zum vernichtenden Gegenangriff anzusetzen. Pech für ihn, dass die englischen Adeligen inzwischen die Nase gehörig voll hatten. Einer nach dem anderen erfanden sie Ausreden, um nicht mit Johann nach Frankreich übersetzen zu müssen. Unter den Baronen hatte sich zu der Zeit die Ansicht durchgesetzt, sie hätten keinerlei Verpflichtung, dem König irgendwohin in den Krieg zu folgen, wenn es nicht um England oder zumindest die Normandie ging. Man hatte schließlich auch zu Hause was zu tun, Bauern ausbeuten zum Beispiel. Der Angriffsplan Johanns aber war wieder einmal auf den Süden ausgerichtet, während er versuchte, in Flandern und Deutschland Verbündete zu finden, die Frankreich vom Norden her in die Zange nahmen. Da er seine Adeligen auch noch im Hafen von Portsmouth nicht davon überzeugen konnte, dass es doch absolut Sinn für sie machte, irgendwo in Poitou zu sterben, musste Johann alleine mit einer Gruppe Söldner übersetzen und wenig überraschend nach einigen Wochen kapitulieren. Zumindest konnte er sich damit in der englischen Bevölkerung einen neuen Spitznamen erarbeiten: John „Softsword". Ein wirklich legendärer Beiname, der wunderbar in seine Sammlung passte. Dass Johann es 1206 doch noch schaffte, einige Länder in Südfrankreich zurückzugewinnen, änderte daran auch nichts mehr.

In den folgenden Jahren hatte Johanns Regierung dann nur noch ein Ziel: Geld zu sammeln, um doch noch in den finalen, siegreichen Krieg gegen Philipp zu ziehen. Das versuchte Johann auf zwei Wegen. Zum einen hob er Steuern in nie dagewesener Höhe ein, was zu der Zeit ziemlich ungewöhnlich war. Steuern konnten bis dahin von den Adeligen nur eingehoben werden, wenn diese zustimmten. Eine ähnliche Logik sollten die Amerikaner ja noch in den 1770ern herauskramen: „No taxation without representation". Das war schon im 13. Jahrhundert eine reichlich optimistische Annahme, vom 18. Jahrhundert ganz zu schweigen. Die Tatsache, dass Johanns Adelige letzten Endes nicht viel gegen diese Steuern machen konnten, hieß aber natürlich nicht, dass sie nicht unzufrieden waren. Sie waren sogar stinksauer! Das sollte sich einige Jahre später bemerkbar machen. Die zweite Art, auf die Johann sich auf den nächsten Krieg in Frankreich vorbereitete, waren Feldzüge auf den britischen Inseln selbst. Und dort war er erstaunlich erfolgreich! In Wales, Schottland und

Irland konnte Johann bedeutende Siege erringen, seinen Herrschaftsbereich in alle Richtungen ausdehnen und vor allem die Gefahr einer schottischen Invasion im Norden deutlich reduzieren. Leider werden diese Erfolge gerne übersehen, wenn heute über Johann gesprochen wird. Zu elegant ist die Geschichte des Johann Ohneland, John Softsword, John the Bad, des lebenslangen Versagers, der eine der schlimmsten Niederlagen der Geschichte Englands zu verantworten hatte.

Aber eine Gelegenheit hatte er noch, das alles zu seinen Gunsten zu drehen. Ab dem Jahr 1212 sah sich Johann dank seiner „Maßnahmen" wieder in der Lage, gegen Frankreich vorzugehen. Seine Herrschaft war intern einigermaßen gefestigt, und infolge der jahrelangen Steuereinhebungen konnte er genügend Geld für den Feldzug zur Seite legen. Allerdings hatte sich seine militärische Strategie überhaupt nicht geändert: Noch immer plante Johann, Frankreich von zwei Seiten in die Zange zu nehmen. Er selbst wollte wie früher schon im Süden einfallen und zugleich neue Verbündete für den Krieg im Norden finden. Fast könnte man glauben, dass es Johann einfach ums angenehmere Klima ging und er es tunlichst vermeiden wollte, auch nur einen Fuß in die ungemütliche Normandie zu setzen. Im Sonnenschein der südfranzösischen Riviera kämpft es sich halt viel schöner. Auch dieses Mal musste er die Pläne aber wieder in die Schublade stecken, da sich andernorts neue Probleme auftaten.

Der Papst höchstpersönlich bereitete Johann inzwischen Sorgen. Johann hatte sich in der Zeit seiner Herrschaft nicht sehr christlich verhalten, und ein Streit über die Nachfolge des Erzbischofs von Canterbury hatte einige Jahre zuvor dazu geführt, dass er vom Papst exkommuniziert wurde. Das klingt recht hart, zu der Zeit waren aber einige namhafte europäische Könige exkommuniziert, sodass Johann sich in guter Gesellschaft befand. Sogar Kaiser Otto IV. im Heiligen Römischen Reich hatte so seine Probleme mit Rom und wurde aus der Gemeinschaft der Gläubigen ausgeschlossen. Und dabei führte er das „Heilige" Römische Reich an ... Johann half seine Exkommunikation kurzzeitig sogar. Immerhin konnte er währenddessen die englischen Kirchen direkt seiner Kontrolle unterstellen und so Geld aus ihnen herauspressen. 1213 nutzte Philipp von Frankreich diese Lage aber aus und bereitete mit Segen des Papstes eine Invasion Englands vor. Ein ziemlicher Geniestreich! Doch Johann reagierte darauf mit einem noch viel größeren Geniestreich, der gerne vergessen wird: Er versöhnte sich öffentlich mit dem Papst, kam all dessen Forderungen zur Aufhebung der Exkommunikation nach und unterstellte sich der direkten Kontrolle Roms! England wurde zum päpstlichen Lehen und Johann somit zum Lehnsnehmer des Vertreters Gottes auf Erden. Wie sollte Philipp so jemanden nun angreifen? Das traute sich noch nicht mal Benito Mussolini 700 Jahre später.

Mit der Abwehr der drohenden Invasion war es im Jahr darauf, 1214, dann endlich soweit, und Johann setzte nach zehn Jahren der Erniedrigung zum finalen Gegenschlag in Frankreich an. Mit Kaiser Otto und den Grafen von Flandern und Boulogne konnte er wieder mächtige Verbündete aktivieren, um Philipp von Norden her das Leben schwerzumachen. Auch mehrere kleinere französische Adelige stellten sich auf Johanns Seite. Als dann aber der Sohn Philipps, Prinz Ludwig von Frankreich, zum Gegenangriff rief, überlegten sich die meisten Adeligen die Sache auch schon wieder anders und ließen Johann im Regen stehen. Teilweise verließen sie sogar vollkommen kampflos das Schlachtfeld, um ihn so richtig bloßzustellen! Lange konnte Johann den Krieg unter diesen Umständen nicht am Laufen halten und musste sich wieder nach England zurückziehen.

Zum dritten Mal in nur zehn Jahren durfte sich Johann also vom König Frankreichs die Tür zeigen lassen. Auch wenn die paar Ländchen im Süden und auch die Exklave Calais nach wie vor unter seiner Kontrolle standen, war der König Englands von nun an nur noch das: König Englands. Kein Herzog der Normandie mehr. Auch kein Graf von Anjou, Herzog von soundso oder irgendwelche sonstigen

Kinkerlitzchen. Stattdessen sollte später der englische Sonderweg folgen. Ein „truly global Britain", wie Theresa May es heute wohl nennen würde. Vor alledem sollte es für Johann aber nochmal richtig ungemütlich werden.

König entmachten in drei einfachen Schritten

Als Folge seiner ewigen Niederlagen hatten die Adeligen in England 1214 endgültig genug von ihrem John „Softsword", der inzwischen auch schon wieder fast als „Ohneland" dastand und zunehmend „bad" aussah. Kriege kosten Geld, und es war ja nicht gerade so, dass erst Johann mit dem ständigen Kriegeführen angefangen hätte. Schon unter seinem Vater und seinem Bruder war das Land fast pausenlos im Kriegszustand, und dann kam da noch die großzügige österreichische Lösegeldforderung dazu. Zahlen durften all dies die Adeligen in England. Nun war das Maß voll, und nach der Rückkehr Johanns von seiner letzten erfolglosen Kampagne forderten die Adeligen einschneidende Konzessionen von ihm, bevor sie weiteres Geld zur Verfügung stellten. Als Johann sich dagegen wehrte, zettelten sie sogar einen Bürgerkrieg gegen ihn an! Lange nahm er diese Rebellen nicht ernst. Es war ja auch nicht so, dass alle Barone und Ritter ihm auf einmal die Gefolgschaft aufgekündigt hätten. Als die Rebellentruppen dann aber auf London zumarschierten und die Stadt ihnen kurzerhand die Tore öffnete, gab Johann doch klein bei. Was auf das heutige England zutrifft, war auch damals schon richtig: Man stellt sich als Regierungschef nicht gegen die Interessen Londons.

Die Rechte, die Johann seinen Adeligen im Anschluss gewähren musste, wurden in einem Dokument niedergeschrieben, das wenig später als Magna Carta bekannt wurde. Heute gilt es als Grundlage des englischen Rechtsstaats und der englischen Demokratie. Davon konnte damals freilich noch keine Rede sein. Die Carta war eher eine Einkaufsliste der Barone mit allen möglichen Wünschen, die sie an den König hatten. Sie wollten beispielsweise, dass Erben jüdischen Geldleihern nach dem Tod des Schuldners kein Geld zurückzahlen mussten oder dass kein Adeliger gezwungen werden durfte, auf seinem Land Brücken zu bauen. Böse Zungen würden behaupten, die Adeligen hatten damals einfach genau diese Probleme und wollten sie sich auf diese Weise vom Hals schaffen. Aber das ist natürlich lächerlich. Selbstverständlich vertraten die Barone immer nur die Interessen ihrer Untertanen. Dafür sind ungewählte Adelige doch weithin berühmt! Die Barone verlangten aber auch, dass der König in Zukunft überhaupt nicht mehr alleine Entscheidungen treffen durfte, sondern sich stets mit einem Beraterkreis aus ihren Reihen absprechen musste. Das war nichts weniger als die Entmündigung des Königs!

Dass Johann die Magna Carta 1215 akzeptierte, hatte wohl viel damit zu tun, dass er einfach nicht glaubte, sie würde lange halten. Dafür sorgte er auch selbst. Er wandte sich, gleich nachdem er das Dokument unterzeichnet hatte, an seinen neuen Lehnsherren, den Papst, und bat ihn, das Dokument für null und nichtig zu erklären. Das tat der auch ohne Widerspruch und erklärte die Rebellen obendrein als exkommuniziert. Wie wir inzwischen wissen, schmiss der damalige Papst Innozenz III. mit Exkommunikationen geradezu um sich. Jeder Mann braucht nun mal ein Hobby.

Die Rebellen gaben aber nicht auf und wandten sich ihrerseits an den französischen König. Sie boten seinem Sohn Ludwig sogar die englische Krone an, wenn er ihnen gegen Johann zu Hilfe kam. Heute nennen wir sowas Landesverrat, und sie hätten sich mit Robin Hoods Banditen um Platz eins auf der Terroristenliste streiten können. Damals dagegen war das … nun ja, auch Landesverrat. Aber wenn man eine eigene Armee hat, kann man sich sowas eben besser leisten als heute. Prinz Ludwig von Frankreich ließ sich nicht zweimal fragen, erkundigte sich auch gleich noch in Schottland, ob die nicht Interesse hätten, sich auf einen Kaffee in Dover zusammenzusetzen, und stach in See. Zum Treffen mit den Schotten kam es tatsächlich, und auch sonst eroberten die Franzosen und ihre Verbündeten bis 1216 weite Teile Englands, marschierten gar durch London – wobei, die machten nun wirklich jedem die Tore auf – und konnten unterwegs zahlreiche Landadelige auf ihre Seite bringen. Das ganze Jahr über kämpfte Johann bitter gegen diese Angriffe. Im Oktober 1216 starb er aber mitten in diesen Anstrengungen an der Ruhr – ein wenig glorreiches Ende für einen wenig glorreichen König.

Der erste Brexit: ein voller Erfolg

Als Johann tot war, einigten sich die englischen Adeligen doch noch darauf, seinen minderjährigen Sohn Heinrich zum König zu ernennen. Sie stellten ihm aber einen Regentschaftsrat zur Seite, der die Regierungsgeschäfte führte, bis der König volljährig war. Wenig überraschend bestätigte genau dieser Regentschaftsrat die Magna Carta. Die Franzosen und Schotten dürfte das einigermaßen geärgert haben: Da marschierten sie extra quer durch England, und das auch noch auf Wunsch der dortigen Rebellen, nur um dann ohne jeden Gewinn nach Hause geschickt zu werden! Noch schlechter endete die Sache aber für den Ruf Johanns. Der ging trotz Happy End als einer der erfolglosesten Könige Englands in die Geschichte ein. Sein Beiname „the Bad" spricht Bände, was die Beurteilung des Herrschers in den nächsten Jahrhunderten betrifft.

Und es stimmt ja auch. Johann schaffte es in gerade mal siebzehn Jahren an der Macht, fast alle englischen Besitzungen auf dem europäischen Kontinent zu verlieren und damit den ersten Brexit der Geschichte auszulösen. Wir waren alle mal neu in unserem Job, aber so ein kolossales Versagen können nun wirklich die wenigsten vorweisen. Auch sonst war Johann kein sonderlich begnadeter Herrscher. Im Feld war er zwar nicht so katastrophal, wie sein Name „Softsword" uns einreden will. Trotz der Achtungserfolge in Schottland, Wales und Irland wäre es aber eine ziemliche Übertreibung, zu behaupten, Johann wäre ein sonderlich genialer General gewesen. Seine harten Steuereintreibungen und wohl auch seine fragwürdige Persönlichkeit sorgten für den Rest.

Auf der anderen Seite legte Johann mit der – zugegebenermaßen erzwungenen – Unterzeichnung der Magna Carta den Grundstein für die englische Demokratie. 1225 wurde sie erneut bestätigt, wenn auch die radikaleren Forderungen entfielen. Im Laufe der nächsten Jahrhunderte wurde das Dokument über dreißig Mal neu anerkannt und für die jeweilige Zeit uminterpretiert. Somit entwickelte es sich allmählich zum Rückgrat der englischen Verfassung. Damit führten die katastrophalen Niederlagen im Äußeren unter Johann Ohneland zumindest zu grundlegenden Veränderungen im Inneren. Es bleibt abzuwarten, ob wir das Gleiche über den zweiten Brexit werden sagen können.

Kapitel 5

Heinrich VIII.: „Nein, nein, ich bin kein Protestant!"

Eines der großen Mysterien der englischen Geschichte ist, wie sich die Normannen oder Plantagenets nach der desaströsen Herrschaft Johann Ohnelands überhaupt noch auf dem Thron halten konnten. In einer Demokratie hätte man diesen Haufen ohne mit der Wimper zu zucken abgewählt! Aber gut, ganz so demokratisch war das Mittelalter ja bekanntlich nicht. Tatsächlich blieb das Adelsgeschlecht dem englischen Königreich noch fast zweihundert Jahre lang erhalten. Ganz dasselbe war ihre Herrschaft nach der Unterzeichnung der Magna Carta allerdings nicht mehr. Plötzlich hatte der Adel das ein oder andere Wörtchen mitzureden, ein Recht, das er auch in Anspruch nahm. Johann war somit der letzte König Englands, der ohne einen organisierten Adel auskam, und bald schon nach ihm gründeten diese nervigen Adeligen sogar noch ein Parlament! So viel also zum Gottesgnadentum … Unter den Nachfolgern Johanns sind dennoch einige ganz berühmte Könige zu finden, die ihre Spuren im Land hinterlassen haben. Sein Enkel etwa war Eduard I., besser bekannt als Edward Longshanks, der „Schottenhammer". Sollten Sie sich wundern, warum er so genannt wurde, empfehle ich, sich den Historienschinken Braveheart mal wieder anzusehen. Trotz all der historischen Fehler des Films und der, nun ja, persönlichen Verfehlungen Mel Gibsons ist der Film sowieso sehr empfehlenswert, wenn Sie einfach mal so richtig anti-englische Gefühle entwickeln wollen! Nachdem man sich durch die drei Stunden geackert hat, will man sich direkt blau-weiße Farbe ins Gesicht kleckern und auf der Straße ein paar Engländer verprügeln!

Longshanks Enkel Eduard III. nahm noch ein paar Jahre später sogar eine alte Passion Johanns wieder auf und machte sich daran,

die verlorenen englischen Gebiete in Frankreich wiederzuerobern.
Eine kleine Sommerinvasion wird schon reichen, dachte er sich.
119 Jahre sollte dieser Krieg dann dauern, der in einem Geniestreich
der Geschichtsschreibung als Hundertjähriger Krieg in die Annalen
einging. Ja, Historiker sind nicht sehr gut im Benennen von Dingen.
Aus dieser kurz-knackigen Auseinandersetzung ging blöderweise
wieder Frankreich als Sieger hervorging, und England durfte auch
noch die letzten Reste seiner französischen Länder abgeben. Nun
gut, nicht alles. Sie konnten die Stadt Calais behalten. Aber ehrlich:
Waren Sie schon mal in Calais? Das Königshaus verlor durch diese
ernüchternde Niederlage natürlich noch stärker an Prestige als schon
unter Johann. Große Teile des 15. Jahrhunderts waren von massiven
Flügelkämpfen zweier Linien des Geschlechts geprägt. Diese bürger-
kriegsähnlichen Ereignisse gingen später als „War of the Roses" – die
Rosenkriege – in die Geschichte Englands ein. „Rosenkrieg" klingt
eigentlich ganz nett. Aber was haben wir doch eben über das Talent
der Historiker beim Benennen von Dingen gelernt?

Die Rosenkriege. Da muss es ja kuschlig zugegangen sein!

Um ganz korrekt zu sein, haben die Plantagenets den Hundertjährigen Krieg gar nicht verloren. Das war das Haus Lancaster, ein Neben-
haus der alten Königslinie. Zu dem Zeitpunkt waren die Rosenkriege
nämlich schon in voller Fahrt. In der ersten Hälfte des 15. Jahrhunderts war es eben die Linie der Lancasters, die Englands Politik als
Könige lenkte und in dem Rahmen auch den Hundertjährigen Krieg
weiterführte. Bisweilen war das Haus dabei gar nicht mal so erfolglos. In der (in England zumindest) legendären Schlacht von Azin-
court konnten englische Truppen die Franzosen 1415 so vernichtend
schlagen, dass ganz Nordfrankreich inklusive der Normandie an England zurückging. König Heinrich V. wurde sogar zum Erben des fran-

zösischen Königs ernannt! Gekrönt wurde er allerdings, wohl auch in Anbetracht des sich ändernden Kriegsglücks, nie. Trotzdem trugen die englischen Könige diesen Titel ab dem Zeitpunkt mit großem Stolz! Zumindest bis 1801, als sogar die britischen Herrscher langsam bemerkten, dass es gar nicht mal so viel Sinn hatte, sich als König einer Republik oder eines napoleonischen Kaiserreichs zu gebaren. Heinrichs Sohn, vorhersehbarerweise ein gewisser Heinrich VI., war es dann auch, der 1453 endgültig die Niederlage in Frankreich akzeptieren musste. Es hätte freilich viel schlimmer kommen können: In diesem Jahr war er nur der zweitgrößte Verlierer Europas. Da ging nämlich Konstantinopel an die Osmanen verloren. So schlimm war die Sache in Frankreich dagegen doch gar nicht.

Teile des englischen Adels sahen das freilich ganz anders. Im Jahr nach der Niederlage wurde Heinrich vom Parlament de facto abgesetzt und Richard von York zum Lordprotektor ernannt. Das Haus Lancaster, dessen Vertreter der zunehmend geisteskranke Heinrich beziehungsweise sein Sohn, das Kleinkind Eduard, war, stand nun also gegen das Haus York. Damit nahmen die Rosenkriege so richtig an Fahrt auf. Das Haus York versuchte in der Person Richards, die Situation umzudrehen und selbst zum Königshaus aufzusteigen. So ungerechtfertigt war das ja auch nicht. Die Yorks waren ebenfalls eine Nebenlinie der Plantagenets, und von den Lancasters konnte man um 1453 beim besten Willen nicht behaupten, sie wären als Könige sonderlich erfolgreich gewesen. Jetzt ging es jedenfalls so richtig rund. Königin Margaret, in Anbetracht des geisteskranken Königs der beste Vertreter, den die Lancasters noch zu bieten hatten, zwang Richard von York zum Rücktritt. Der nahm die Sache natürlich wie ein Edelmann, zog sich zurück und versammelte eine Armee, mit der er Richtung London marschierte. Nun wird es wirklich verwirrend, ich versuche es aber kurz zu halten:

Richard von York gewinnt den Kampf und wird wieder Lordprotektor. Königin Margaret ist not amused. Ein paar Jahre später wieder Krieg,

York verliert, zieht sich nach Calais zurück. Ein Jahr später kehrt er zurück, siegt, nimmt den König gefangen. York will sich selbst zum König krönen lassen, stirbt aber in der nächsten Schlacht. Sein Sohn Eduard (ja, schon wieder ein Eduard) übernimmt das Zepter, gewinnt und wird 1461 zum König gekrönt. Der eigentliche König Heinrich VI. ist somit abgesetzt und flieht nach Schottland. Damit ist die Sache aber immer noch nicht vorbei. Ich beeile mich ja schon! Eduard ist gut zehn Jahre lang König, aber an seinem Stuhl wird durchgehend gesägt. 1470 wird er wieder von den Lancasters geschlagen, und Heinrich wird nochmal für ein Jahr König, bevor er 1471 wieder abgesetzt und ermordet wird. Das Haus Lancaster stirbt damit in seiner männlichen Linie aus, Eduard wird wieder König. Er stirbt 1483, sein Sohn soll eigentlich das Land übernehmen, dessen Onkel denkt sich aber „Moment mal!", lässt ihn als illegitim brandmarken und absetzen (später lässt er ihn auch noch ermorden, warum auch nicht?) und sich selbst als Richard III. krönen. Richard sollte der letzte Yorker auf dem Thron sein und damit auch der letzte Abkömmling der Plantagenets.

Nach diesen Jahren des Chaos, dessen Details Sie getrost wieder vergessen können, tritt eine neue – naja, halbwegs neue – Familie auf den Plan: die Tudors.

Und was ist daran das Neue?

Die Lancasters – oder was von ihnen noch übrig war – stellten sich nach der Ermordung ihres Königs Heinrich komplett neu auf. Es lief ja nicht gerade sonderlich gut bei ihnen, und mit der erneuten Thronbesteigung Eduards in den 1470ern brachten sie schließlich den letzten, wenn auch noch so entfernten Anwärter auf den englischen Thron in Sicherheit: Heinrich Tudor. Der konnte seinen Anspruch auf die Krone zwar ohnehin nur in der weiblichen Linie von seiner Mutter herleiten, aber sicher ist sicher. Die Lancasters brachten ihn also in die Bretagne, wo er vor Angriffen des Yorker Königshauses sicher war. Nach Eduard von Yorks Tod und den fragwürdigen Ereignissen um seinen mutmaßlich illegitimen Sohn und dessen Onkel Richard war es in den 1480ern – Glück für Heinrich – nicht gerade so, als ob in England alle Einwohner vollauf zufrieden gewesen wären. Zahlreiche Adelige störten sich an den chaotischen Zuständen und liefen mit der Zeit zum König in spe in der Bretagne über. Die Rosenkriege hatten sich entgegen der romantischen Bezeichnung als gar nicht mal so kuschlig herausgestellt, und die Menschen sehnten sich nach friedlicheren Zuständen. 1485 sah Heinrich seine Zeit schließlich gekommen. Er machte sich auf nach England und konnte Richard in einer Schlacht schlagen und töten. Zwar konnte er es zu dem Zeitpunkt noch nicht wissen, aber damit begründete er eine neue englische Dynastie, die für die nächsten 120 Jahre das Land lenken sollte.

Was man Heinrich bei alledem freilich nicht vorwerfen kann, sind sonderlich gute Manieren. Nachdem er aus der Bretagne übergesetzt und Richard geschlagen hatte, tötete er den alten Yorker König nämlich nicht nur, er ließ dessen Leiche geradewegs schänden. Der tote König wurde von den Männern Heinrichs noch am Schlachtfeld splitternackt ausgezogen und an ein Pferd gebunden, das den Leichnam einige Male über das Feld zog. Und was macht man dann mit so einer verunstalteten Leiche, dachte sich Heinrich? Richtig: Man nimmt sie mit nach London, um sie dort öffentlich auszustellen! Das muss ein schöner Anblick gewesen sein. Da hing dann ein seit Tagen toter Mann öffentlich auf den Straßen Londons, der Körper wund von seinem kleinen posthumen Ausritt, der Geruch wahrscheinlich auch nicht gerade einnehmend. Seinen Zweck erfüllte diese öffentliche Darstellung aber. Heinrich zeigte damit deutlich, dass sein Widersacher tatsächlich tot war und sich nicht irgendwo verschanzt hatte und auf seine Wiederkehr wartete. Obendrein konnte man mit einer solchen Aktion auch ganz gut Eindruck beim Volk schinden. Ob positiv oder negativ, sei dahingestellt, und das war Heinrich auch sichtlich egal. Das ist wie im heutigen Marketing: Hauptsache auffallen um jeden Preis!

Um bei der Absicherung seiner Herrschaft ganz sicher zu gehen, nahm Heinrich auch noch Richards zehnjährigen Neffen gefangen, und die verbleibenden Anhänger Richards wurden mit Tod, Kerker oder Enteignung bestraft – gerade Letzteres war recht praktisch, da so auch noch finanzielle Mittel für die Krone heraussprangen. Generell waren diese Strafen aber nicht sonderlich drakonisch. Heinrich war immerhin darauf aus, die Rosenkriege ein für alle Mal hinter sich zu lassen, und musste den Yorkern daher in gewisser Weise entgegenkommen. Viele von ihnen, die sich während der Übernahme Heinrichs nicht allzu aktiv auf die Seite Richards gestellt hatten, wurden sogar an Heinrichs Hof gerufen, um in seiner Regierung zu dienen. Der größte Schritt in Richtung dieser Versöhnung stand aber noch bevor, als Heinrich die Yorker Prinzessin Elisabeth heiratete.

Nun ist es wohl wenig überraschend, dass das nicht unbedingt eine Liebeshochzeit war. Die Ehe war von langer Hand geplant. Schon Heinrichs Mutter hatte den Plan ausgeheckt und in Zusammenarbeit mit Elisabeths Mutter von der Bretagne aus die Sache vorbereitet. Die Idee war denkbar einfach. Heinrich hatte bei seiner Machtübernahme 1485 ja einige Probleme. So war er nur ein entfernter Abkömmling des Hauses Lancaster, sein Anspruch auf die Krone schien an und für sich weit hergeholt. Ein Makel, den es schnellstmöglich zu korrigieren galt. Ihm war aber vor allem klar, dass seine Herrschaft niemals sicher sein würde, wenn nicht auch die Rosenkriege zu einem endgültigen Abschluss gebracht wurden. Zu viele Könige hatte England in den Jahren vor 1485 gesehen, um als Herrscher wirklich ruhig schlafen zu können. Und wenn einem die Probleme bis zum Hals stehen, geht doch nichts über eine kleine Eheschließung mit dem Feind!

Doch schon in seinem ersten Jahr als König dürfte Heinrich VII. klargeworden sein, dass die Sache nicht so einfach laufen würde. Während der König sich im Norden befand, um in seinem neu gewonnenen Königreich Präsenz zu zeigen, kam es in Essex bereits zur ersten Verschwörung unter Anhängern Richards. König Heinrich reagierte darauf aber gelassen. Er schickte einfach eine Armee gen Süden, um den Rebellen ein Angebot zu machen. Dieses Angebot war recht einfach: Gaben sie auf und gingen nach Hause, sollte ihnen nichts geschehen. Entschieden sie sich zu kämpfen, würden sie dagegen elend sterben. Es sagt sehr viel über die Überzeugung der Rebellen aus, dass diese einigermaßen plumpe Methode genügte, um die allermeisten von ihnen vom Rückzug zu überzeugen. In den Folgejahren kamen noch ein paar Mal Leute daher, die von sich behaupteten, einen Anspruch auf den englischen Thron zu haben, doch auch das konnte Heinrich nicht mehr gefährlich werden.

Die Herrschaft des ersten Tudor-Königs gestaltete sich von da an ausgesprochen erfolgreich, auch wenn das – wie bei den meisten erfolgreichen Menschen – nicht alle so sahen. In seiner Herrschaftszeit konnte sich König Heinrich mit allen wichtigen Nachbarländern gutstellen und sowohl in Schottland als auch in Frankreich teure Kriege vermeiden. Das gab ihm die Chance, die Finanzen des Landes wieder auf Vordermann zu bringen. So ein jahrzehntelanger Bürgerkrieg zwischen zwei großen Adelsfamilien ist der Wirtschaft eines Landes meist nicht sonderlich zuträglich. Heinrich konnte das Problem auf beeindruckende Weise lösen, indem er effizient Steuern einhob, die Ausgaben kontrollierte und eben keine sinnlosen Kriege führte. Aber auch damit hat es seine Schwierigkeiten: Für die Bevölkerung ist „effizient Steuern erheben" dasselbe wie grenzenlose Gier, und für Historiker ist „nicht Krieg führen" schlicht langweilig und unspektakulär. Daher hat Heinrich VII. heute wohl nicht den Ruf, den er eigentlich verdient hätte. Im Vergleich zu seinem Sohn steht er aber trotzdem prächtig da!

Der Apfel fällt manchmal weit vom Stamm, ist fett und stinkt

Heinrich VII. und seine Frau Elisabeth verbuchten schnell den einzigen Erfolg, der für ein königliches Ehepaar wirklich zählte: Sie zeugten einen männlichen Erben. Es gab zwar einige frühe Tode unter den Kindern des Paares, mit Prinz Arthur und seinem jüngeren Bruder Heinrich standen da am Ende aber zwei potenzielle Thronfolger in den Startlöchern. Unglücklich war für das Erbe der frischgebackenen Tudor-Dynastie, die Zukunft Englands und eigentlich die ganze Welt, dass der junge Prinz Arthur schon im Teenager-Alter starb, kurz nachdem er in einer vielversprechenden Zeremonie mit Katharina von Aragon, der Erbin Spaniens, vermählt worden war. Nachfolger wurde daher sein kleiner Bruder, der als Heinrich VIII. mit zweifelhafter Prominenz in die Geschichte einging. Er ist der große Star der englischen Geschichte, wenn auch nicht aus erbaulichen Gründen. Da ist es natürlich schwer, ihn sich von einer anderen Perspektive aus vorzustellen. Zu präsent ist das Gemälde von ihm als älterer Herr, aufgedunsen vom Essen und Alkohol, zerfressen von Gier und Wollust. Als er 1509 das Erbe seines verstorbenen Vaters antrat, war der junge Heinrich aber wie sein älterer Bruder ein vielversprechender Sprössling. Kaum achtzehn Jahre alt, war er muskulös gebaut, athletisch und gutaussehend. Obendrein übernahm er ein ausgezeichnet geführtes Königreich mit gesunden Finanzen und starken Allianzen mit Nachbarstaaten. Da kann doch eigentlich gar nicht so viel schiefgehen, würde man sich denken! Ja, das würde man wohl.

In der ersten Phase von Heinrichs Herrschaft ging zunächst nicht sonderlich viel schief. Im Gegenteil, er war sogar ziemlich erfolgreich. Eine seiner ersten Handlungen als König war es, zu heiraten. Das war nur vernünftig, und dass der gute Heinrich in seinem weiteren Leben noch fünf weitere Ehefrauen haben sollte, konnte ja noch keiner wissen. Die Wahl seiner ersten Frau war übrigens, nun ja, recht interessant: Heinrich entschied sich dafür, die Witwe seines verstorbenen Bruders, Katharina von Aragon, zur Frau zu nehmen. Versprochen war er ihr zwar schon seit Arthurs Tod, aber wirklich vernünftig war die Entscheidung nicht. Dass Katharina ursprünglich als Frau für Heinrichs Bruder auserkoren worden war, hatte damit zu tun, dass sie Erbin der Länder Spaniens war. Dummerweise starb in der Zwischenzeit aber Katharinas Mutter, womit ihr Erbe kaum noch der Rede wert war. Vielleicht empfand Heinrich eine Verpflichtung seiner langjährigen Verlobten gegenüber? Vielleicht war er einfach nur verliebt? Schwer zu sagen. Die ersten Ehejahre sollen jedenfalls sehr glücklich gewesen sein, also wollen wir Heinrich keine bösen Absichten unterstellen. Der König nannte sich damals übrigens selbst in Briefen „Sir Loyal Heart". Das klingt in einem Maße lächerlich, dass es geradezu als Beweis für eine schmachtende, kopflose Liebe gelten muss. Schlecht lief es in der frühen Ehe auch sonst nicht. Schon nach zwei Jahren brachte Katharina einen männlichen Erben zur Welt, der allerdings im Säuglingsalter starb. Und wie sich herausstellte, war dieser Erfolg gar nicht so leicht zu wiederholen. Der zunehmend verzweifelte Versuch, einen Erben zu zeugen, sollte Heinrich in den Folgejahren in den sprichwörtlichen Wahnsinn treiben.

So weit war es aber noch lange nicht. In den 1510er-Jahren war Heinrich immer noch der gutaussehende junge König in – so sah es zumindest aus – einer glücklichen Ehe, der sich beweisen wollte. Dazu bietet sich natürlich nichts mehr an als eine kleine Militäraktion. Er wählte sich dazu den klassischen Feind Englands aus: Frankreich. Die olle Allianz des Vaters muss man ja wohl nicht einhalten, mag er sich gedacht haben. Schnell fand Heinrich in Ferdinand von Spanien einen Verbündeten, der ihn bei dem ach so bewährten Zangenangriff gegen Frankreich unterstützen konnte. Heinrich wählte also die gleiche revolutionäre Taktik, die schon der gute Johann Ohneland mehrmals versucht hatte, nur diesmal umgekehrt: spanische Truppen im südlichen Aquitanien, englische Angriffe in der Normandie. Beeindruckend, wie wenig manche Menschen aus der

Geschichte lernen. Nach einigen kleineren Siegen konnte Heinrich dennoch überraschend schnell in Friedensverhandlungen gehen und sich mit Frankreich arrangieren. Seinen Respekt hatte er sich damit verdient, auch wenn er nicht wirklich irgendetwas Nennenswertes für England gewonnen hatte. Vielmehr kostete das alles viel Geld, und schon zu der Zeit begann Heinrich damit, das sauer ersparte Vermögen seines Vaters zu verprassen. Und auch sonst ging es mit seiner Regentschaft nach dem Feldzug nicht gerade aufwärts.

Als eine gestörte Libido zum Bruch mit Rom führte

Sir Loyal Heart blieb seinem Namen, wie auch seiner Frau, nicht allzu lange treu. Nun ist das ja an und für sich nicht gänzlich unbekannt. Wir kennen die heutigen Scheidungsraten, und nur die wenigsten schaffen es ein Leben lang, so ganz ohne Affäre ihrem Partner treu zu bleiben. Zumindest hört man das immer von den ganz „coolen" und „unabhängigen" Typen in der Bar, die ihre Ex-Frauen ja „sowieso nicht brauchen". Nun ist eine Affäre aber etwas anderes als viele Liebeleien, über Jahre hinweg, zusätzlich zu insgesamt sechs Ehefrauen. Und der Kerl in der Kneipe ums Eck ist auch nicht, so wollen wir hoffen, König Englands. Da bedeutet so ein Lebensstil nicht nur einige unangenehme Gespräche in der Familie, da kommt es dann auch schnell zum Bruch mit dem Papst und zur Abkehr von Rom! Unter Heinrich VIII. wurde England noch mehr zur Insel, als es ohnehin schon war. Aber der Reihe nach.

Das erste Mal zeigte sich Heinrichs aggressive Libido nach fünf Jahren Ehe mit Katharina. Da begann er mit einer gewissen Bessie zu flirten, die ihm 1519 auch einen illegitimen Sohn zur Welt brachte. Das muss nun wirklich ein Schlag ins Gesicht gewesen sein. Da versuchte Heinrich seit zehn Jahren verzweifelt, einen Erben zu zeugen, und dann funktioniert es gleich auf Anhieb, nur bei der falschen Frau. Manchmal ist das Leben einfach unfair. In den frühen 1520ern

ging es dann aber so richtig los mit dem König und seinem Trieb-
leben. Da verguckte sich Heinrich quasi im Wochenrhythmus in
immer andere Frauen. Zur gleichen Zeit war seine Gattin Katharina
gut zehn Mal schwanger, doch überlebte davon genau ein Kind: Prinzessin Maria. Heinrich verliebte sich derweil Hals über Kopf in eine
gewisse Anne Boleyn, das war so um das Jahr 1526. Und diese Affäre
sollte alles ändern. Denn Anne war nicht nur eine Bettgefährtin, sie
war eine gewiefte junge Frau mit ganz klaren Vorstellungen. Sie wollte
sich nicht damit zufriedengeben, nur eine weitere Mätresse des Königs
zu sein. Nein, sie wollte ihr Glück herausfordern und sehen, ob Heinrich verliebt (und dumm) genug war, sich für sie von Katharina schei-
den zu lassen. Auch das soll ja heute noch hin und wieder vorkommen.

Pech nur, dass eine Scheidung im 16. Jahrhundert nicht so ohne
Weiteres möglich war. Die Ehe war immerhin eine rein religiöse
Angelegenheit, und sie gilt in der realitätsnahen Philosophie, für die
der Vatikan noch heute berühmt ist, für nichts weniger als die Ewig-
keit. Dementsprechend konnte auch nur der Papst selbst – immerhin Vertreter Gottes auf Erden oder sowas – eine Ehe für ungültig
erklären. Das ist in der katholischen Kirche noch heute so, auch wenn
sich niemand mehr dafür interessiert. Wenn der Staat, der bekanntlich die Gesetze macht, eine Ehe auflöst, kann sich der Papst auf den
Kopf stellen und im Kreis tanzen, wie er will, den meisten Menschen
ist das schlicht egal. 1526 war das noch anders. Aber Heinrich hatte
ein Ass im Ärmel. Katharina war ja immer noch die Witwe seines
Bruders. Und irgendwo in der Bibel steht geschrieben, dass ein Mann
die Witwe seines eigenen Bruders gar nicht heiraten dürfe. Zwar muss
man dafür im Alten Testament herumgraben, und darauf legen die
Katholiken ja traditionell wenig Wert. Der gute Heinrich wollte es
dennoch austesten: War der Papst bereit, eine königliche Ehe aufgrund einer solchen Bibelpassage für ungültig zu erklären?

Anne Boleyn, ganz selbstlos, half tatkräftig mit. Als der Erzbischof
von Canterbury starb, setzte sie ihren Hauspastor als Nachfolger

durch, der in der Scheidungssache wenig überraschend auf ihrer und damit der Seite des Königs stand. Boleyn vermittelte Heinrich auch Thomas Cromwell, einen geschickten Anwalt und Politiker, der ihn in seinem Unterfangen unterstützte. Nach einigen Jahren intensiven Lobbyings war der Papst aber immer noch nicht bereit, die Scheidung Heinrichs durchzuführen. Vielleicht untersagt Gott persönlich es ihm, wer weiß. Dummerweise war Anne Boleyn inzwischen aber schwanger, und Heinrich wollte unter allen Umständen vermeiden, dass ein potenzieller männlicher Nachfolger schon wieder als Bastard auf die Welt kam. Also erklärte der frischgebackene Erzbischof von Canterbury die Ehe zwischen Heinrich und Katharina 1533 einfach einseitig für aufgelöst, und Heinrich heiratete sofort Anne Boleyn. Der Papst war von der Aktion verständlicherweise nicht sonderlich angetan. Er drohte mit der schlimmsten Strafe, die er aussprechen konnte: der Exkommunikation. Ob es Heinrich in Gewissensnöte stürzte? „Was sagen Sie? Ich darf in meinem Land keine Messen mehr halten und werde an einem imaginären Ort schmoren, nachdem ich gestorben bin? Wie furchteinflößend!" Das englische Parlament unter Führung von Thomas Cromwell winkte als Antwort auf die päpstliche Drohung dann einfach den sogenannten „Act of Supremacy" durch, der festlegte, dass der englische König von nun an das einzige Oberhaupt der englischen Kirche war und der Papst somit nichts mehr zu melden hatte. Tja, Eier muss man haben.

Mit dieser Lappalie führte Heinrich England weg von der römisch-katholischen Kirche. Es war der bis dahin markanteste Bruch Englands mit dem europäischen Festland. Die englische Bevölkerung und, noch viel wichtiger, das englische Königshaus war nun nicht mehr durch die römische Kurie kontrollierbar. Die Kirche wurde unabhängig und mit dem König als Oberhaupt quasi zum Staatsunternehmen. Zu der Zeit war England natürlich nicht das einzige Land, das sich von Rom abwandte. Zahlreiche deutsche Fürstentümer schlossen sich der Reformation an, ganz Skandinavien, die Niederlande, große Teile der Schweiz und sogar Teile des ungarischen Königreichs folgten. Nach dem Bruch mit Rom isolierte England sich dennoch zunehmend und wurde irgendwie zum Sonderfall.

Das hängt damit zusammen, dass das Land unter Heinrich VIII. nicht einfach protestantisch wurde. Er selbst sah sich sein Leben lang nicht als Protestant. Mit der Zeit griff die anglikanische Kirche dann zwar viele reformatorische Ideen auf, dasselbe sind die beiden Kirchen aber bis heute nicht. Kurz gesagt: Heinrich VIII. hatte mit Martin Luther herzlich wenig zu tun. Seine Abkehr von Rom hatte nichts mit irgendwelchen Thesen auf irgendeiner Kirchentür in Deutschland zu tun, sondern allein mit seiner Libido und Erbenlosigkeit. Was England unter Heinrich aber auf alle Fälle wurde, ist unabhängiger. Und diese Unabhängigkeit und Macht nutzte er in den nächsten Jahren reichlich aus. Natürlich nicht zum Wohle seiner Bevölkerung, sondern zum Wohle seiner sexuellen Gelüste.

Gibt's die Frauen auch im Sparabo?

Der Bruch mit Rom und die Abkopplung von Europa waren für Heinrich selbst bestenfalls nebensächlich. Was für ihn zählte, war nach wie vor nur eines: ein männlicher Erbe! Und vielleicht ein bisschen Sex auf dem Weg dorthin. Leider kam man an der Thronfolger-Front immer noch nicht voran. Anne Boleyn brachte wieder „nur" ein Mädchen zur Welt, Prinzessin Elisabeth. Und auch sonst lief die Beziehung zwischen Anne und dem König nicht so gut, wie er es sich wohl erhofft hatte. Anne war eben ein Machtmensch. Nicht ohne Grund hatte sie so hoch gepokert und alles daran gesetzt, nicht Mätresse, sondern Königin zu werden. Nachdem sie nun endlich war, wo sie hinwollte, begann sie auch, sich in die Politik einzumischen. Das aber passte Heinrich nicht. Und doch: Er hätte wahrscheinlich über alles hinwegsehen können, hätte Anne ihm nur einen Sohn zur Welt gebracht. Stattdessen folgte im Jahr 1534 eine Fehlgeburt.

Irgendwann um diese Zeit begann Heinrich, sich nach anderen Frauen umzusehen. Dank dem Act of Supremacy konnte er das nun ja ohne Weiteres tun. Anne bezeichnete er, nicht gerade loyal, immer wieder mal in aller Öffentlichkeit als Hexe. Kein allzu gutes Omen für die Gute, wurden solche Beschimpfungen damals doch noch ernst genommen. Da konnte man sich schnell auf dem Scheiterhaufen wiederfinden. Thomas Cromwell erwies sich ein weiteres Mal als wertvoller Partner für König Heinrich und fand auf Anhieb mehrere Männer, die er beschuldigen konnte, sexuellen Kontakt mit der Königin gehabt zu haben. Beweise werden ja prinzipiell überbewertet und damals reichte das für eine Anklage aus. Alle Männer und Anne Boleyn selbst wurden vor Gericht gestellt, für schuldig befunden und hingerichtet. Drei Jahre nach seiner Scheidung von Katharina war Heinrich somit schon wieder Single und seine Frau tot. Da dürfte es den ersten seiner Untertanen gedämmert haben, dass ein vielleicht nicht sonderlich stabiler Herr auf dem Thron saß.

Nach einer angemessenen Trauerperiode von einem Tag verlobte Heinrich sich nach seiner Scheidung mit einer gewissen Jane Seymour, die er keine zwei Wochen darauf heiratete. Heinrich hatte wirklich ein Gespür für die Feinheiten des Anstands. Ausgezahlt hat sich das für ihn aber durchaus, denn schon ein Jahr später brachte Jane seinen ersten Sohn zur Welt, Prinz Eduard. Dummerweise starb sie selbst einige Tage später an den Folgen der Geburt, aber man kann halt auch als englischer König nicht alles haben, was man will. Ohnehin blieb Heinrich auch diesmal nicht lange allein. Ein Sohn ist zwar schön und gut, auf Nummer sicher zu gehen ist trotzdem besser. Und wir sollten auch nicht vergessen, dass Heinrich immer noch ein notgeiler Affe war. Zu seinem Glück hatte er den treuen Gefährten Cromwell, der sich sofort auf die Suche nach einer neuen Frau für den König begab. Auf diesen Mann war wirklich Verlass, und im Gegensatz zu seinen vielen Frauen sollte Heinrich ihm sein ganzes Leben treu bleiben ... obwohl, so gut endete die Sache für ihn auch nicht.

Doch der Reihe nach. Cromwell fand die passende Frau für Heinrich: Anne von Kleve, eine deutsche Adelstochter. Sofort schickte Cromwell eine Delegation über den Kanal, um sie für den König zu begutachten. Es war halt noch nichts mit der Bildtelefonie. Was blieb einem anderes übrig, als einen Portraitkünstler loszuschicken, um die Ehefrau in spe zu malen, damit man sich ein Bild von seinem „Glück" machen konnte? Die Frauen jener Zeit müssen sich den Männern wirklich ebenbürtig gefühlt haben … Es scheint aber, dass dieser Künstler bei Anne von Kleve etwas zu viel Kreativität gezeigt hat. Nachdem Heinrich das Bild begutachtet und der Ehe zugestimmt hatte, wurde sie nämlich nach England gebracht, wo Heinrich bei ihrem Anblick schlicht gesagt haben soll: „Ich mag sie nicht." Für Anne endete die Sache aber gar nicht so schlecht. Laut ihrer und Heinrichs Aussage wurde die Ehe nämlich nie vollzogen – ein hochtrabender Ausdruck dafür, dass die beiden in der Hochzeitsnacht keinen Sex hatten – und auf dieser Grundlage wenig später vom Parlament aufgehoben. Nicht, dass Heinrich wirklich noch eine Ausrede für seine Scheidungen gebraucht hätte. Anne blieb sogar am Londoner Hof und soll sich dort prächtig amüsiert haben. Auch das englische Ale scheint ihr zugesagt zu haben. Cromwell fiel mit seiner Damenwahl allerdings in Ungnade und wurde schließlich 1540 hingerichtet. Man mag zwar ein treuer Weggefährte und gewiefter Politiker sein, aber wenn es um Frauen ging, verstand der König nun mal keinen Spaß.

Heinrich fand wie üblich wieder schnell Ersatz und verguckte sich in eine gewisse Katharina Howard, die er drei Wochen nach der Scheidung von Anne ehelichte. Allerdings war von dem schönen, jungen und athletischen König zu der Zeit nicht mehr viel übrig. Er war inzwischen 49 Jahre alt und zunehmend fettleibig. Vielleicht haben Sie das klassische Porträt des Königs ja vor Augen. Heinrich wog zu der Zeit wohl gut 130 Kilo, fettleibig ist also ein Hilfsbegriff. Seine neue Ehefrau war nur halb so alt und ihm Gegensatz zu ihm recht gutaussehend. Schon nach einem Jahr begann sie also, sich

Affären zu suchen und am Hof etwas auszuleben. Durchaus verständlich, letztendlich aber doch keine allzu kluge Entscheidung. Schließlich wissen wir inzwischen, wie Heinrich in der Vergangenheit mit Untreue, und wenn auch nur angedichteter Untreue, umgegangen ist. Als er von der Sache Wind bekam, wurden Katharina und ihre beiden Geliebten in guter alter Tradition hingerichtet. Damit war sie schon die zweite Ehefrau Heinrichs, die auf dem Schafott landete. Nach inzwischen fünf beendeten Ehen lässt sich kaum noch behaupten, der König wäre nur ansatzweise bei Sinnen gewesen. Tatsächlich war Heinrich VIII. ein Wrack und ein Psychopath, wie er in Europa seinesgleichen suchte. Und was machen gedemütigte Psychopathen wie er in solchen Situationen? Sie fangen irgendwo einen Krieg an!

Schiebt den Wal … endlich von seinem Thron!

Bei der Wahl dieses Krieges war Heinrich einfallsreich wie immer: Frankreich sollte es sein. Er marschierte also wieder mal dort ein und besetzte – schon wieder – die Stadt Boulogne. Eine Vergeltungsaktion der Franzosen 1545 scheiterte am Wetter, sodass der fette und unnütze Heinrich überraschend als Sieger aus diesem Scharmützel hervorging. Im Norden hatten inzwischen aber auch die Schotten die Schwäche des Königs bemerkt. Sie versuchten es mit einem Angriff, der wohl an purer Inkompetenz scheiterte. So gewann Heinrich trotz allen Mangels an Vorbereitung und Taktik gleich an zwei Fronten. Was Schottland anging, fiel ihm nichts Besseres ein, als einen Bestrafungsfeldzug nach Edinburgh zu führen und Teile der Stadt in Schutt und Asche zu legen. Aber auch in Frankreich wusste er nichts aus seinem Sieg zu machen. Am Ende war die internationale Situation Englands schlechter denn je.

Während all dem schaute sich der König wieder einmal nach einer neuen Frau um. Bei seinem Zustand war das wirklich eine Strafe für jede, die ausgewählt werden konnte. Heinrich war Mitte der 1540er-Jahre fetter denn je, sein ganzer Körper war übersät von Geschwüren, die einen unerträglichen Gestank von sich gegeben haben sollen. Die Wahl fiel schließlich auf eine weitere Katharina, Katharina Parr, die von der Idee, den fetten König zu heiraten, tatsächlich nicht sonderlich angetan war. Trotzdem nahm sie sich seiner an und betreute ihn, so gut es eben ging. Solch treue Untertanen kann man sich als König wahrlich nur wünschen. Heinrich schien indes weniger dankbar zu sein, als es angebracht gewesen wäre. Immer wieder verfiel er in Wutanfälle, und zahlreiche seiner Hofdiener wurden zum Tode verurteilt, einfach nur, weil er etwas an ihnen auszusetzen hatte. Auch die breitere Bevölkerung hatte zunehmend genug von ihrem fetten, tyrannischen König. Da er zeit seines Lebens das Geld seines Vaters verprasst hatte, war England inzwischen auch wieder pleite. Das bekam die Bevölkerung mit immer höheren Steuern zu spüren. So dürfte niemand in England – und schon gar nicht die gute Katharina Parr – allzu traurig gewesen sein, als Heinrich VIII. im Jahr 1547 verstarb. Er hinterließ ein zutiefst zerrissenes Land, das sich vom Schock seiner Herrschaft noch jahrzehntelang nicht erholen sollte.

Religionsstreitigkeiten gehören somit ein für alle Mal der Geschichte an

Auch wenn es nicht gut um das Land stand und der verstorbene König sich nicht gerade weitläufiger Beliebtheit erfreute, war doch nicht alles verloren für die Tudors. Immerhin hatte Heinrich mit dem jungen Eduard einen Nachfolger gezeugt! Der war zum Zeitpunkt von Heinrichs Tod zwar erst neun Jahre alt, aber man soll sich nicht immer beschweren. Für den Sprössling regierte zunächst ab 1547 ein Regierungsrat aus sechzehn Mitgliedern, den Heinrich so ausgewählt hatte, dass niemand am Hof eine zu große Machtbasis erlangen und Eduard damit von seinem Erbrecht abbringen konnte. Ganz so gut funktionierte der Plan allerdings nicht. Bald schon schälten sich einzelne Personen heraus, die mehr Einfluss auf den jungen Eduard und die Regierung des Landes hatten als andere. Zudem erkrankte der junge König nach sechs Jahren an Tuberkulose, womit die Lage richtig kritisch wurde. Jeder am Hof wusste, dass mit seinem Tod die Glaubensstreitigkeiten nach England zurückkehren würden. Denn trotz Heinrichs Bruch mit Rom war es nach seinem Tod nicht so, dass England fest im protestantischen Lager Europas angesiedelt gewesen wäre. Wie gesagt sah Heinrich sich selbst nie als Protestant, und vielen seiner Untertanen ging es ganz ähnlich. Diese Unsicherheiten mussten über kurz oder lang irgendwie gelöst werden.

Unter Eduard – oder vielmehr unter seinen beiden einflussreichsten Protektoren, den Herren Seymour und Dudley – schien der Protestantismus aber zunächst einmal nicht aufzuhalten. Prinz Eduard selbst war trotz seines Alters überzeugter Protestant, und seine Protektoren waren da nicht anders. So wurde 1549 das Uniformitätsgesetz erlassen, das den Kirchen Englands das sogenannte Book of Common Prayer als verbindliches Gebetsbuch auferlegte und sie damit meilenweit vom römischen Ritus entfernte. Diese Reformen mochte bei Weitem nicht die gesamte Bevölkerung mittragen. Noch im selben Jahr kam es zu Aufständen in Südwestengland, die sich für die Beibehaltung der alten Riten einsetzten. Noch schwerwiegender war, dass die aussichtsreichste Nachfolgerin nach Eduards Tod seine Halbschwester Maria war, die Tochter Heinrichs und Katharinas von Aragon. Und die war vehemente Katholikin! Von ihrer spanischen Mutter erzogen, war sie von Anfang an gegen die Loslösung von Rom gewesen. Als Erwachsene unterhielt sie eine ständige Korrespondenz mit Kaiser Karl V. von Österreich, dem bedeutendsten katholischen Herrscher der Zeit. Die Protektoren Eduards setzten alles daran, die Machtübernahme Marias zu verhindern, scheiterten letztendlich aber, als Eduard, gerade einmal fünfzehn, 1553 verstarb. In ihrer nur fünfjährigen Regentschaft erwarb Maria sich den Namen „Bloody Mary", da sie über dreihundert Menschen wegen Häresie auf den Scheiterhaufen brachte. Warum man einen Cocktail nach ihr benennen musste, ist mir übrigens ein Rätsel.

Heinrichs Bruch mit Rom war also nicht das Ende der Geschichte. Wie anderswo auf dem Kontinent ging es in England mehrfach hin und her zwischen protestantischen und katholischen Tendenzen. Mit der Zeit nahm die anglikanische Kirche aber doch immer klarere protestantische Züge an, bis im 18. Jahrhundert im Act of Settlement ganz verboten wurde, dass ein Katholik jemals König Englands werden konnte. Davon werden wir in den kommenden Kapiteln noch öfter hören. Bis dahin erlebte England aber einen blutigen Bürgerkrieg, in dem sich Thomas Cromwells Ururgroßneffe Oliver mit Gewalt für einen besonders radikalen Protestantismus einsetzte. Trotzdem: Ganz dasselbe war das Verhältnis Englands mit Europa nach Heinrich nie mehr, Bürgerkrieg hin oder her. Mit der neu gewonnenen Unabhängigkeit argumentierten mit der Zeit immer mehr Adelige und Politiker in England, insbesondere in der aufkommenden Tory-Partei, für eine Abkehr von Europa und den Aufbau eines Imperiums in Übersee. Aber das war natürlich reines Wunschdenken. Wie könnte denn das kleine England ein, sagen wir mal, Viertel der Welt beherrschen …

Kapitel 6

Schon wieder Ausländer auf dem Thron! Von Schotten zu Deutschen

Das Haus Tudor blieb auch nach Heinrichs wenig glorreichem Tod noch eine ganze Zeit an der Macht, was ja an und für sich schon einigermaßen überraschend ist. „Haus" ist in dem Zusammenhang allerdings fast schon eine Übertreibung. Die Tudor-Dynastie bestand nach Heinrich eigentlich nur noch aus seinen eigenen Kindern und starb mit ihnen dann auch schon wieder aus. Und wenn Sie sich jetzt denken, das konnte bei Heinrichs Genen ja nicht gut gehen, haben Sie absolut recht. Zumindest zum Teil. Die Fehltritte fingen schon bei seinem einzigen Sohn Eduard an, wenngleich der nicht viel dafürkonnte – er starb ja schon im Alter von fünfzehn. Wirklich viel zu melden hatte er wegen des Regentschaftsrats, den sein Vater für ihn eingesetzt hatte, ohnehin nicht.

Mit der folgenden Herrschaft von Eduards Schwester Maria, „Bloody Mary", sah die Sache schon ganz anders aus. Spätestens mit ihr und ihrem radikalen Umgang mit Andersgläubigen begann das ewige Problem Englands mit dem Katholizismus. Sie nahm viele der Kirchenreformen Heinrichs zurück und heiratete letztendlich sogar Philipp von Spanien. Unerhört! Da heiratet die Königin des frischgebackenen protestantischen Englands einfach den mächtigsten katholischen Herrscher der Welt. Und dann auch noch ausgerechnet einen Spanier! Aber was wollte man auch von einer Frau erwarten, die Hunderte Menschen wegen Ketzerei auf den Scheiterhaufen brachte. Mary war eben, wie Sie sehen, eine reizende Frau durch und durch. Zum Glück waren ihr aber nicht mehr als fünf Jahre auf dem Thron vergönnt, und nach ihrem Tod ging die Krone an Marias jüngere Halbschwester Elisabeth.

Elisabeth war nun wieder Protestantin. Puh, gerade nochmal Glück gehabt! Um ein Haar wärt ihr damals wieder katholisch geworden, liebe Engländer, und vielleicht auch geblieben. Und dann wärt ihr heute arm dran! Vielleicht gar ein Dritte-Welt-Land wie die ganzen anderen katholischen Staaten, Bayern oder so – nicht auszudenken! Elisabeth war aber in vielerlei Hinsicht eine faszinierende Königin. Das Faszinierendste an ihr war dabei wohl ihre Entscheidung, nicht zu heiraten. Als sie 1558 an die Macht kam, war Elisabeth gerade einmal fünfundzwanzig Jahre alt und eine galante junge Frau. Ein selbst auferlegtes Zölibat war da schon einigermaßen ungewöhnlich, vor allem da jeder von ihr erwartete, schnellstmöglich einen passenden Mann zu ehelichen und einen Nachfolger zu zeugen. Trotz oder gerade wegen dieser ungewöhnlichen Entscheidung war Elisabeth aber eine sehr starke Königin. Auch das ist unter den Tudors ja reichlich ungewöhnlich, wenn man von Heinrich VII. absieht, an den sich nach dem Frontalunfall, den das Land unter seinem Sohn gebaut hat, keiner mehr so recht zu erinnern vermochte.

Elisabeths Jahre als Königin markieren einen Höhepunkt der Entwicklung Englands als Staat und Gesellschaft. Wirtschaftlich, politisch und militärisch ging es mit dem Land in ihrer Zeit steil bergauf. Nicht zufällig fällt auch der englische Sieg über die Spanische Armada in diese Epoche. Und viel bedeutender noch: In der Zeit Elisabeths begann Englands Aufstieg zur Kolonialmacht! Sie war es, die im Jahr 1600 den Freibrief zur Gründung der East India Company ausstellte. Die dadurch entstandene Handelskompanie begann in den nächsten Jahren und Jahrzehnten, überall im Indischen Ozean und darüber hinaus Handelskolonien zu errichten. Aus Handel wurde irgendwann politische Kontrolle, und schnurstracks kontrollierte England ein Viertel des Globus. Dass Handelsmacht schnell zu politischer Dominanz werden kann, kommt uns heute irgendwie bekannt vor: Stichwort Google, Facebook und so weiter.

Aber letztlich kam es für Elisabeth, wie es kommen musste. Wenn eine Königin sich weigert, zu heiraten, kann sie auch keine Nachfolger zeugen. Keine legitimen zumindest. Ehemalige englische Könige hatten in der Vergangenheit ja durchaus immer reichlich uneheliche Kinder. Als Königin so ein illegitimes Kind neun Monate lang im Bauch zu verstecken, wäre allerdings eine recht außergewöhnliche Leistung gewesen … 1603 starb Elisabeth jedenfalls, und das war es dann schon wieder mit den Tudors. Nur 120 Jahre lang stellten sie das Herrschergeschlecht Englands, drei Generationen lang. Aber es heißt ja, man soll aufhören, wenn es am schönsten ist. Insofern hat Elisabeth das ganz gut gemacht. Zum Zeitpunkt ihres Todes stand England auf dem Höhepunkt seiner Macht. Das Königtum war gefestigt, die Wirtschaft florierte, mit dem Erzfeind Spanien ging es rapide bergab und das Business in den eigenen Kolonien fing gerade erst richtig an. Im Rückblick hätte von den Tudors eigentlich diese „gute alte Zeit" unter Elisabeth im kollektiven Gedächtnis hängen bleiben können. Wären da nicht wir nervenden Historiker, die unbedingt die alten Geschichten um Heinrich VIII. ausgraben müssen. Wir Historiker sind also an allem schuld. Und so ein komischer Künstler aus Stratford-upon-Avon. Der machte sich ständig über die Tudors lustig und half sicher nicht beim Aufbau ihres Rufs. Sie kennen ihn wahrscheinlich: Er trug einen lustigen Kragen.

Da bittet man die Schotten einmal um Hilfe …

Was als Nächstes geschah, ist echt britischer Humor. Die Tudors waren ja im ständigen Wickel, nicht nur mit sich selbst, sondern auch mit ihren Nachbarn, vor allem Frankreich, Spanien und Schottland. Von Heinrich VIII. abwärts waren die Tudor-Könige und Königinnen in mehr oder weniger ernste Auseinandersetzungen mit diesen Nachbarn verwickelt. Da ist es lustig, dass sich nach Elisabeths Tod nun ein gewisser Jakob Stuart als Erster in der englischen Thronfolge wiederfand. Der hatte mit England nämlich reichlich wenig am Hut. Er war zwar ein Ur-Urenkel von Heinrich VII. Sein Brotberuf war aber

König von Schottland! Zu allem Überfluss war seine Mutter Maria, die „Queen of Scots", dann auch noch die Ex-Königin Frankreichs. Da hatte sich England auf einen Schlag wirklich alle Feinde ins Haus eingeladen – Respekt! Aber das ist nun mal der Nachteil der Monarchie. Wenn man sich einmal die Arbeit antut, so eine dumme Nachfolgeregelung zu schreiben, muss man ihr halt auch folgen. Hilft ja nichts.

Jakob VI. von Schottland wurde somit zu Jakob I. von England – natürlich zusätzlich, gab er doch seinen Titel über Schottland nicht auf. Unter ihm wurden Schottland und England ab 1603 erstmals von einem gemeinsamen König regiert. Und dann auch noch ausgerechnet von einem Schotten! William „Braveheart" Wallace hätte gewiss in seinem Grab getanzt, wäre er nicht viergeteilt worden. Freilich wurden die zwei Länder nördlich und südlich des Hadrianswalls dadurch aber nicht ein und dasselbe. Es gab jeweils in Edinburgh und London ein Parlament, und die hatten einiges mitzureden. Mit dem englischen Parlament hatte Jakob dann auch zeit seines Lebens Probleme. Irgendwie verstanden die Abgeordneten seine Vorstellungen vom Gottesgnadentum nicht so recht. Es muss sich wohl alles um ein großes Missverständnis gehandelt haben. Im Volk war Jakob als Ausländer nicht viel beliebter als im Parlament. Denn um das noch einmal zu verdeutlichen: Wenn es in der Geschichte eine Konstante gibt, dann ist es der Ausländerhass. Den gab es fast zu jeder Zeit an fast jedem Ort.

Zumindest war Jakob ein Protestant, und das war es doch in Wirklichkeit, was zählte. Die Sache mit den Religionsstreitigkeiten war in England im 17. Jahrhundert beim besten Willen noch nicht gegessen. Selbst Elisabeth, die ach so brave „Virgin Queen", hatte in ihrer Herrschaftszeit zig katholische englische Priester verbrennen lassen. Die Katholiken waren davon natürlich nicht übermäßig angetan, und schon zwei Jahre nach Jakobs Umzug nach London kam es zum ersten Terroranschlag im Namen der Religion. Ein gewisser Guy Fawkes versuchte im sogenannten „Gunpowder Plot", das Parlament in Westminster in die Luft zu jagen. Wer weiß, so unrecht wäre das dem guten Jakob vielleicht gar nicht gewesen.

Ein paar Jahre später eskalierten die Glaubensstreitigkeiten dann endgültig, allerdings ausnahmsweise nicht in England, sondern auf dem europäischen Kontinent. Im Jahr 1618 brach der Dreißigjährige Krieg aus, und im Gegensatz zu seinem verhunzten hundertjährigen Vetter wurde er richtig benannt und dauerte tatsächlich dreißig Jahre. Glückwunsch, liebe Historiker, ihr habt es geschafft! Doch was hieß das für England? Jakob war wie gesagt ein Protestant. Dennoch schlug er sich auf keine der beiden Seiten, sondern blieb neutral. Blutgetränkte Schlachtfelder mit sich auftürmenden Toten zu Tausenden soweit das Auge reicht – nein, dafür braucht England Europa sicher nicht. Das bewerkstelligt das Land schon ganz alleine! Jakobs Sohn Karl war es dann auch, der diese verpatzte Gelegenheit des Blutvergießens umgehend nachholte.

Auch Karl I. war Protestant – zumindest auf dem Papier. Das musste man in England inzwischen auch sein. Weite Teile der Bevölkerung und der alles bestimmende Adel waren protestantisch oder sogar radikal-protestantisch eingestellt, da lebte man als Katholik eher unsicher. Vor allem die Puritaner, eine besonders strenge Gattung des Protestantismus, erlebten damals rapiden Zuspruch. Viele von ihnen wanderten später in die amerikanischen Kolonien aus, weil ihnen das Leben in England zu lasterhaft wurde. Wohlgemerkt: das protestantische Leben Englands im frühen 17. Jahrhundert! Sie werden schon recht gehabt haben, nur einmal am Tag in die Kirche gehen ist auch wirklich zu ketzerisch …

Das Problem dabei war, dass Karl die Sache mit dem Protestantismus selbst nicht so ernst nahm. Immer wieder wurde gemunkelt, er habe Sympathien für den Katholizismus oder sei gar ein verkappter Papstanhänger. Das sorgte für eine anhaltende Spannung im Land, die dann im Jahr 1642 endgültig eskalierte. Ausgangspunkt war, dass Karl das Parlament um mehr Geld für die Bekämpfung eines irischen Aufstands bat. Dieses wollte im Gegenzug die volle

Kontrolle über die entsandte Armee haben. Karl, gewiefter Staatsmann durch und durch, versuchte daraufhin, einige Abgeordnete kurzerhand festnehmen zu lassen, brachte damit aber das Fass endgültig zum Überlaufen. Die Bevölkerung unterstützte die Abgeordneten, das Parlament stellte rasch eine Armee auf und der Englische Bürgerkrieg konnte seinen Lauf nehmen! In den nächsten rund sieben Jahre massakrierten sich die Parlaments- und Königstruppen gegenseitig, bis die Parlamentsarmee unter Oliver Cromwell siegreich aus dem Krieg hervorging. Karl wurde hingerichtet und England mutierte zur Republik. Das klingt für unsere Ohren ganz gut, denn eine Republik, das ist doch eine gute Sache! In diesem Fall bedeutete es jedoch eher die diktatorische Herrschaft Oliver Cromwells, weniger ein demokratisches und faires Regierungssystem. Wie wunderbar diese Zeit für die Bevölkerung war, ist im kollektiven Gedächtnis noch heute tief verankert. Fragen Sie doch mal einen Iren, was er zu der Sache zu sagen hat!

Nach zehn Jahren war der Spuk dann schon wieder vorbei. Das englische Experiment mit der Republik war in atemberaubend kurzer Zeit komplett gescheitert. Es ist ja nicht ganz ohne Grund, dass das Land heute entgegen jeder menschlichen Logik immer noch eine Monarchie ist. Nachdem der Diktator Oliver Cromwell nämlich 1658 gestorben war und sein Sohn das ihm übertragene Amt schneller wieder abgegeben hatte als David Cameron den Premierministerposten nach dem Brexit-Referendum, holten die Abgeordneten Karls Sohn Karl II. ins Land zurück. So schlimm war die Herrschaft der Stuart-Könige dann auch wieder nicht, dachten sie sich. Die Leute lernen eben nie …

Eigentlich eine wenig glorreiche Revolution

Leider hielt der Frieden mit den Stuarts auch dieses Mal nicht lange. Eigentlich hätte man sich das ja denken können, das kollektive Gedächtnis war aber wohl zu vergesslich. Im Jahr 1685 starb König Karl II., und sein Bruder Jakob II. übernahm die Herrschaft über England. Das war nun ein echtes Problem, denn Jakob war bekennender Katholik! Nicht wie sein Bruder und Vater, die wenigstens nur heimlich Katholiken waren oder erst am Sterbebett konvertierten, also eine gewisse Höflichkeit wahrten. Nein, Jakob zeigte sich ganz offen papsttreu! Bei den protestantischen Adeligen schrillten die Alarmglocken, aber sie hatten einen letzten Trost: Jakob war schon über fünfzig Jahre alt und hatte nur zwei Töchter, die noch dazu beide tief protestantisch waren. „Dann lassen wir den alten Sack mal machen, so lange kann es ja nicht dauern", dachten sich die Adeligen wohl. Leider hatten sie ordentliches Pech. Drei Jahre nach seiner Thronbesteigung wurde Jakob plötzlich ein weiteres Mal Vater, noch dazu eines Sohnes! Seine bisher eher drolligen Versuche, die Rolle der Katholiken in England wieder zu stärken, schienen nun plötzlich bitterer Ernst. In dieser Situation hatten einige Barone eine zündende Idee: Laden wir doch einfach einen Ausländer ein, in England einzumarschieren und die Ordnung wiederherzustellen!

Die Adeligen schrieben also dem befreundeten Statthalter der Niederlande, Wilhelm von Oranien, einen Brief und erkundigten sich ganz ungezwungen, ob er im Herbst schon etwas vorhatte. Die Entscheidung eines Teils der Parlamentarier, ihn mit seiner gesamten Armee nach England einzuladen, hatte mehrere Gründe. Einerseits – und ganz wichtig – war Wilhelm im Gegensatz zu Jakob natürlich Protestant. Andererseits war er aber auch Jakobs Schwiegersohn, was dynastisch gesehen nun nicht ganz unbedeutend war. „Das trifft sich doch blendend!", muss sich der Adel gedacht haben und schritt zur Tat. Im November 1688 landete Wilhelm mit einer stattlichen Armee in England und begann, in Richtung London zu ziehen.

Jetzt sollte sich für Jakob herausstellen, dass er aufs falsche Pferd gesetzt hatte. Der größte Teil der englischen Bevölkerung war nämlich den prokatholischen Allüren ihres Königs gegenüber negativ eingestellt. Obendrein war Jakob persönlich nicht sonderlich beliebt. Wilhelm dagegen war ein ansehnlicher und höflicher Mann und kam beim Volk ausgesprochen gut an. Wie ich die Niederländer kenne, sprach er wahrscheinlich auch damals schon besser Englisch als die meisten Engländer, was seiner Beliebtheit beim Volk sicher nicht schadete; den etwas drolligen Akzent durfte man da getrost überhören. Nachdem auch weite Teile des Adels zu Wilhelm übergelaufen waren, warf Jakob II. das Handtuch. In einer gar heldenhaften Aktion stahl er sich aus seinem Zimmer in London und floh in tiefster Nacht nach Frankreich.

Wilhelm und seine Frau Maria, die Tochter Jakobs, wurden schon im nächsten Frühling gleichberechtigt zu König und Königin Englands gekrönt. Weitere zwölf Jahre nach dieser sogenannten Glorreichen Revolution „löste" England sein Religionsproblem dann endgültig. Mit dem Act of Settlement wurde Katholiken im Jahr 1701 schlichtweg verboten, jemals Könige von England zu werden. Sogar einen Katholiken zu heiraten, schloss ein Mitglied der königlichen Familie bis vor Kurzem noch vom Erbrecht aus. Damit, endlich, war das Problem ein für alle Mal Geschichte! Das hatten die lieben Engländer fein hinbekommen. Obwohl, fragen Sie vielleicht doch lieber nochmal den Iren von vorhin, was er über die Sache denkt.

Noch so ein für immer gelöstes Problem

Die Auswirkungen des Acts of Settlement können gar nicht hoch genug eingeschätzt werden. Dabei handelte es sich wirklich um ein Hardcore-Gesetz sondergleichen. Gar nicht so kleine Teile des englischen Adels waren immer noch katholisch, und noch mehr von ihnen waren mit Katholiken verheiratet. Und wer profitierte davon? Natürlich wieder mal die Deutschen! Als Wilhelm von Oranien nämlich 1702 starb – den Act hatten sie also gerade noch rechtzeitig durchgedrückt! –, war die Thronfolgeregelung immer noch auf die Stuarts ausgerichtet. Wilhelms bereits verstorbene Frau Maria war ja eine Stuart gewesen, und Nachfolgerin Wilhelms wurde nun deren Schwester Anne. Damit war die Linie aber auch schon wieder erschöpft. Wie gesagt: Weite Teile des Adels waren katholisch, so auch in der Stuart-Familie. Die nächste Verwandte, die nach einem Ableben Annes infrage kam, war Sophie von Hannover, eine lange vergessene Enkelin Jakobs I. Soweit musste man dank des Acts of Settlement also schon zurückgehen. Allzu praxisnah war das Gesetz beim besten Willen nicht … Die Frage der Nachfolge Annes war zudem keine rein theoretische, sondern eine recht dringliche. Anne war zwar in ihrem Leben achtzehn Mal schwanger, es überlebte aber kein einziges ihrer Kinder. Schon zum Zeitpunkt ihrer Krönung war sie ziemlich kränklich – was nicht wirklich verwunderlich ist, nachdem sie achtzehn Kinder verloren hatte … Die Oberschicht Englands war jedenfalls alarmiert und musste die protestantische Thronfolge nach ihrem Tod sicherstellen.

Bevor es so weit war, durfte Anne aber noch einen großen Triumph miterleben, als 1707 der Act of Union in Kraft trat. Damit wurden die Königreiche England und Schottland endgültig miteinander vereint und bildeten somit den neuen Staat Großbritannien. Die Freude war so groß, dass gleich eine neue Flagge gestaltet wurde, der Union Jack, der eine Kombination des englischen Georgskreuzes mit dem schottischen Andreaskreuz darstellt. Den Walisern hat das bestimmt gefallen – als sie sich damals „freiwillig mit England vereinigten", war kein Mensch auf die Idee gekommen, eine neue Flagge zu basteln. Die Sache war 1707 nicht anders, und auch im neuen Union Jack findet sich kein Hinweis auf Wales. Andererseits sind die Waliser selbst schuld, denn wie soll man auch diesen so blöden walisischen Drachen auf der sonst so schönen Flagge unterbringen?

Ganz freiwillig war die Vereinigung Schottlands mit England allerdings nicht. Die Menschen im Norden sahen sich ja keineswegs als britisch oder gar englisch an und hatten gar keinen Grund, sich mit dem ungeliebten Nachbarn im Süden zusammenzutun. Blöd nur, dass Schottland sich in den Jahren davor vollkommen in die Pleite getrieben hatte. Die Schotten waren da auf die brillante Idee gekommen, in Panama eine schottische Kolonie zu errichten, ganz nach dem Motto: Lasst uns doch ein paar Familien aus den kalten Highlands in die Tropen schicken, was soll da denn schiefgehen? Eben: alles. Die Sache wurde zu einem Riesenfiasko, und nach nur zwei Jahren und anderthalbtausend Toten blies man das Vorhaben ab. Ein Viertel des schottischen Geldbestands ging dabei drauf. Da kam es gerade recht, wenn der südliche Nachbar anbot, all diese Schulden zu übernehmen. Man musste nur einen kleinen Vertrag unterschreiben ...

Königin Anne hatte nun Glück, zu genau dieser Zeit Monarchin auf dem englischen Thron zu sein. Damit wurde sie automatisch zur ersten Königin Großbritanniens und ist bis heute als „Good Queen Anne" in Erinnerung. Nicht, weil sie zu Lebzeiten sonderlich beliebt oder erfolgreich gewesen wäre. Sie hatte einfach das Glück, in einer für England guten Zeit zu leben, die später mit ihr in Verbindung gebracht wurde. Sieben Jahre nach diesem großen Triumph, im Jahr 1714, war es dann aber so weit. Königin Anne starb, und die Nachfolgefrage im neuen Großbritannien wurde endgültig heiß. Im Land gab es weit und breit keinen Stuart-Verwandten mehr, der kein Katholik war, und auch Sophie von Hannover war blöderweise nur ein paar Monate vor Anne gestorben. Doch halt, ihr Sohn Georg war noch am Leben! Der hatte zwar mit dem Hause Stuart und Großbritannien im Ganzen so gut wie gar nichts am Hut, aber man konnte nicht wählerisch sein. Dank dem Act of Settlement stieg Georg nun einfach mal von der achtundfünfzigsten Stelle der Thronfolge zur Nummer eins auf. Tja, wie war das mit blöden Nachfolgeregelungen? Hat man sie erst aufgeschrieben, muss man sie eben auch einhalten.

Die Welfen von Hannover: ein so richtig britisches Haus!

Wer war jetzt dieser Georg, und was genau verband ihn mit dem britischen Königshaus? Als Sohn Sophies war er zumindest entfernt mit den Stuarts verwandt. Das war schon mal ganz gut. Als Urenkel von Jakob I. war diese Verbindung aber doch einigermaßen weit hergeholt, was die achtundfünfzigste Stelle in der Rangfolge erklärt. Väterlicherseits gehörte Georg der Dynastie der Welfen an, als deren Vertreter er sich naturgemäß auch sah, nicht als Stuart. Georg war ja auch in erster Linie Kurfürst von Hannover. Das klingt zunächst einmal nach einem stolzen, althergebrachten Titel, der sich doch ohne Weiteres mit England messen konnte, das war es aber nicht. Die alten Kurfürsten des Heiligen Römischen Reiches hatten zwar tatsächlich eine lange Tradition. Es gab davon insgesamt sieben, und sie waren es, die im Reich den Kaiser wählten, allesamt Vertreter altehrwürdiger Länder und Häuser. Hannover suchen Sie auf dieser Liste aber vergebens. Die erhielten ihre Kurwürde nämlich erst unter Georgs Vater im Jahr 1692, zu einer Zeit, als die Zahl der Kurfürsten ohnehin auf neun erhöht wurde. Den anderen war wohl klar, dass das ganze System antiquiert war, und es war ihnen egal. Aber für Hannover war es doch eine schöne Sache, und das ganze Haus hat sich sicher gefreut wie kleine Kinder zu Weihnachten.

Da man als frischgebackener Kurfürst einiges auf sich hielt, wurde Georg von seinem Vater entsprechend erzogen. Er erhielt eine streng protestantische Ausbildung und durfte sich schon früh im Krieg bewähren. Bereits als knapp Zwanzigjähriger zog er als Teil einer Allianz mit den Niederlanden gegen den französischen Sonnenkönig Ludwig XIV. ins Feld. Das immerhin war keine schlechte Übung für einen zukünftigen englischen König. Zehn Jahre später war er dann sogar bei der Befreiung Wiens von der türkischen Belagerung 1683 dabei und zog mit den Truppen Prinz Eugens weiter in Richtung Balkan. Beste Erziehung also. Denn jeder weiß: Wenn ein Prinz gut auf dem Schlachtfeld ist, ist er perfekt vorbereitet für den Alltag im

Büro. So ein Schwert hat schließlich eine gewisse Ähnlichkeit mit einem Brieföffner … Im Jahr 1698 durfte Georg genau das dann endlich unter Beweis stellen, als er das Kurfürstentum Hannover von seinem Vater übernahm. Weitere sechzehn Jahre später erhielt er dann einen Brief aus dem weit entfernten London.

So spannend der Inhalt dieses Schreibens war, dürfte Georg jedoch nicht übermäßig begeistert gewesen sein. Das Kurfürstentum Hannover war ja eine recht beschauliche Ecke, zumindest dann, wenn nicht gerade wieder mal die Franzosen einzufallen drohten. Die Weltstadt London musste auf Georg dagegen wie ein furchtbares Moloch gewirkt haben. Aber auch was die Staatsmacht betraf, waren Hannover und Großbritannien von ganz unterschiedlichem Kaliber. Das eine war ein übersichtliches Fürstentum am Rande des Heiligen Römischen Reiches. Das andere war eine führende Kolonialmacht, gerade erneut erstarkt durch die Union mit Schottland. Darauf war Georg bei aller Liebe nicht vorbereitet. Das ganze lustige Kriegeführen und seine ach so tolle Erziehung mochten ihm da letzten Endes doch nicht so viel nutzen.

Erschwerend kam hinzu, dass Georg kaum ein Wort Englisch sprach, bevor er im Herbst 1714 nach London übersiedelte. In seiner brillanten Ausbildung hatte er ja nur so unnütze Sprachen wie Latein und Französisch gelernt. Der Hof hätte die Verwandtschaftsverhältnisse doch etwas besser einschätzen und ihm zumindest ein bisschen Englisch beibringen können, aber das wäre wohl zu viel verlangt von den Welfen. Nachdem er zum Nachfolger auf dem englischen Thron geworden war, strengte Georg sich zwar durchaus an, die Sprache zu lernen, das scheint ihm allerdings zeit seines Lebens nur mäßig geglückt zu sein. Vor allem hatte er so seine Probleme mit der Aussprache harter Konsonanten. So ist von ihm etwa der Satz „I hate all boets and bainters" überliefert, der gleich viel über seinen Sprachwic über seinen Kunstsinn aussagt. Die englische Bevölkerung hat sich dabei sicher herzlich amüsiert. Ganz fair war das aber natürlich nicht, da Georg doch einiges Interesse an Musik hatte und beispielsweise Georg Friedrich Händel mit nach London brachte.

Mit seinen neuen Untertanen scheint Georg dagegen eher wenig am Hut gehabt zu haben. Er zog zwar mit Sack und Pack nach London und blieb dort auch mit Ausnahme von ein paar Besuchen in Hannover bis zum Ende seines Lebens. Auch wenn ihm in England gern unterstellt wird, er wäre bei jeder Gelegenheit nach Deutschland abgehauen, sind die insgesamt fünf Besuche in dreizehn Jahren nicht wirklich schlimm. Denn Heimweh hin oder her: So realistisch war Georg schon, einzusehen, dass er das Britische Empire kaum von Hannover aus regieren konnte. In gewisser Weise hatte er sogar Glück: Er starb im Jahr 1727 ausgerechnet während einer Reise nach Hannover und wurde dann gleich dort beigesetzt. Die Briten sahen es ihm nicht nach. Auch seinen Söhnen nicht, sodass der englischer Dichter Walter Savage Landor einige Jahre später ein Gedicht schrieb, um die Georgs zu verewigen. Es ist ein nicht gerade schmeichelhaftes kleines Poem, das er da produzierte:

> *George the First was always reckoned*
> *Vile, but viler George the Second;*
> *And what mortal ever heard*
> *Any good of George the Third?*
> *When from earth the Fourth descended*
> *God be praised, the Georges ended.*

Grob könnte man es übersetzen als: „Georg I. galt stets als abscheulich, Georg II. aber abscheulicher; und welch Sterblicher hat je etwas Gutes gehört von Georg III.? Als der Vierte von ihnen dahingegangen war, gepriesen sei der Herr, haben die Georgs geendet." Ja, man könnte sich als König bessere Publicity wünschen.

Die Georgianische Epoche … war eher so lala

Georg und Großbritannien: Das war kein „perfect match", so viel ist sicher. Aber was hätte man auch groß von ihm erwarten sollen? Er war im Vergleich zur alten englischen Königslinie ja nur ein kleiner Provinzfürst aus den deutschen Grenzlanden, gerade erst zum Kurfürsten aufgestiegen und sonst auch nicht viel dahinter. Ihm muss im Jahr 1714 angst und bange gewesen sein, als er von seinem Erbe in Großbritannien erfuhr. Einem Land, von dem er fast nichts wusste und dessen Sprache er kaum beherrschte. Zu diesem Zeitpunkt war Georg außerdem schon 54 Jahre alt. Er hatte sich mit seiner Rolle in Hannover abgefunden, und in dem Alter lernen Menschen bekanntlich ja auch nicht mehr so leicht Neues. Da spricht es doch für ihn, dass er die Herausforderung annahm, auf die Insel übersetzte und dabei eine gar nicht mal so schlechte Figur abgab. Es ist schon ein bisschen unfair, dass er in der britischen Geschichtsschreibung so mittelmäßig wegkommt. Zudem werden ihm Sachen angelastet, die mit seinem Regierungsstil rein gar nichts zu tun haben. Da mokiert man sich etwa darüber, dass er sich gerne mit hässlichen Frauen umgab. Zugegeben, auffallend ist das schon. Vielleicht haben die Briten ja doch recht …

Seiner Zeit drückte Georg trotzdem seinen Stempel auf. Gerade in der Architektur hat der „Georgianische Stil" in ganz Großbritannien Spuren hinterlassen. Fährt man ein wenig durch die Gegend, begegnet man überall Land- und Herrenhäusern in diesem repräsentativen Baustil. In der Hinsicht half sicher auch, dass Georg ein Genie im Branding seines Namens war. Der Georgianische Stil ist nämlich nicht nur nach ihm benannt, sondern auch nach seinem Sohn (Georg) und dessen Enkel (Georg) und dessen Sohn (Sie haben es erraten, Georg). Georg, also der Erste immer noch, war auch daran beteiligt, mehr und mehr Königsmacht an das Parlament zu übertragen und damit das moderne Großbritannien zu prägen. Die Abgeordneten hatten sich ja schon nach der Glorreichen Revolution von

Wilhelm von Oranien zahlreiche Rechte bestätigen lassen. Der König war ab jener Zeit offiziell nur noch „King in Parliament", musste sich also mit den Abgeordneten abstimmen. Georg ging dabei aber noch weiter. Wahrscheinlich sah er einfach ein, dass er viel zu wenig über England wusste, um wirklich gute Entscheidungen treffen zu können, und überließ die Arbeit lieber dem Premierminister. Wenn heutige Politiker doch nur so ehrlich und pragmatisch wären.

Auch Georgs Nachfolger, also die ganzen anderen Georgs, konnten diese Entwicklung nicht mehr rückgängig machen. Die Sache mit der Königsmacht war in England damit im Grunde endgültig besiegelt. Das Land sollte Georg eigentlich ein bisschen dankbarer sein. Aber da sind die Briten eben doch ein bisschen wie die Deutschen. Sie regen sich gern auf, raunzen und schimpfen über alles und jedes. So gesehen war das mit der Personalunion England-Hannover fast schon eine natürliche Verbindung. Es kam zusammen, was irgendwie zusammengehörte. Der nächste Georg, Georg II., hält übrigens einen ganz anderen Rekord. Er war der letzte britische König, der selbst in eine Schlacht zog! Das war im Österreichischen Erbfolgekrieg in den 1740er-Jahren. Er war zu dem Zeitpunkt bereits sechzig Jahre alt. Respekt! Davon abgesehen war er natürlich in vielerlei Hinsicht besser auf das Amt vorbereitet, als sein Vater es damals gewesen war. Geboren wurde Georg II. zwar noch in Deutschland, er sprach aber doch deutlich besser Englisch als sein Vorgänger. Um uns alle für ewige Zeiten zu verwirren, führte er in Großbritannien dann auch noch den Gregorianischen Kalender ein. Ein Georgianer führt den Gregorianer ein, na, Gesundheit!

Während der gesamten Zeit unter Georg I. und seinem Nachfolger gab es in Großbritannien allerdings auch ständige Aufstände gegen ihre Herrschaft. Dahinter standen die sogenannten Jakobiten. Die waren genau das, was ihr Name verspricht: Anhänger Jakobs II., des alten katholischen Stuart-Anwärters auf den britischen Thron, im Englischen auch als „Old Pretender" bekannt. Der Spaß mit ihnen fing dabei schon lange vor dem ersten Georg an, gleich nach der Glorreichen Revolution. Aber auch nach 1714 gab es in regelmäßigen Abständen den Versuch jakobitischer Revolutionen und Einmärsche, meist über Schottland. Gleich im ersten Jahr von Georgs Herrschaft, also 1715, kam es zu dem „The Fifteen" genannten Jakobitenaufstand. Die kreative Namenswahl beeindruckt; man hört geradezu die Engländer sich in geselliger Runde rasch einig werden: „Well ... it's 1715, isn't it? Shall we just call it 'the Fifteen' then, yeah?" Georg II. durfte sich 1745 mit einem weiteren, wie sich herausstellen sollte aber letzten Aufstand herumärgern. Jetzt raten Sie mal, wie der genannt wurde. Richtig! „The Fortyfive"! Dass diese einfallslosen Vollidioten von Jakobiten nichts auf die Reihe bekamen, überrascht nicht wirklich ...

Na, wenn sogar Prince Charles das sagt

Die deutschen Nachfolger Georgs I. auf dem britischen Thron hatten also durchaus auch etwas Glück. Die Jakobiten waren, wie sich herausstellte, im Kampf in etwa so fähig wie im Benennen ihrer Aufstände. Die Welfen konnten sich da ohne größere Schwierigkeiten an der Macht halten. Die Folgen sind bis heute sichtbar. Auch die aktuelle britische Königsfamilie der Windsors stammt im Kern immer noch von genau diesen Hannoveranern ab, wenn sich auch in der Zwischenzeit immer wieder mal frisches Blut – natürlich meist deutsches – hinzugesellte. Die Zeit der Personalunion zwischen Großbritannien und Hannover ist aber auch sonst eine skurrile und ereignisreiche Zeit der britischen Geschichte. Es ist ja schon einigermaßen absurd, in einer Person die Supermacht Großbritannien und das kleine Hannover zu regieren. Witzig wird es, wenn man das auf heutige Konstellationen überträgt und sich den chinesischen Staatschef in einer Nebentätigkeit als bayerischen Ministerpräsidenten vorstellt.

Natürlich gab es in den 120 Jahren Personalunion auch genügend negative Ereignisse. Unter Georg III. verlor Großbritannien seine dreizehn Kolonien in Amerika, die später zu den Vereinigten Staaten wurden. Dieser Verlust ist sicher mit ein Grund, warum die Georgs heute nicht sonderlich geschätzt werden. Die Tatsache, dass in jüngster Vergangenheit ausgerechnet Prinz Charles versucht, die Reputation Georgs III. wiederherzustellen, hilft da auch nicht weiter, denn niemand, aber auch wirklich niemand hört auf Prinz Charles … Dennoch: In der Regierungszeit der Hannoveraner wurde vieles von dem vorbereitet, was Großbritannien im 19. Jahrhundert zur alles bestimmenden Großmacht Europas machte. Von der Stärkung des Parlaments und der Premierminister bis hin zur beginnenden Industrialisierung wandelte sich das Land in den 120 Jahren der Personalunion mit Hannover von Grund auf und zog seinen europäischen Kollegen immer mehr davon. Ein paar Kolonien in Nordamerika zu verlieren, scheint da wie ein verkraftbarer Kompromiss. Und ganz abgesehen davon: Der Verlust der USA hat sich für Großbritannien doch eigentlich als großer Gewinn herausgestellt. Während es in den Anfangsjahren noch Probleme mit der Ex-Kolonie gab, hat sich das Verhältnis sehr bald gebessert, und die USA kamen Großbritannien bekanntlich im Ersten und Zweiten Weltkrieg zur Hilfe. Undankbarkeit ist also eher unangebracht. Und mit der Innenpolitik der USA will doch ohnehin niemand etwas am Hut haben. Da ist es schon gut, dass die britische Premierministerin sich neben Brexit und einer möglichst harten Austeritätspolitik nicht auch noch mit Massenschießereien und Grenzmauern auseinandersetzen muss.

Kapitel 7

Königin Victoria. Das mit der Großmutter Europas ist durchaus wörtlich gemeint

Georg mit seiner Hannoveraner Familie hatte nun zwar ein tolles Marketingkonzept, benannte alles vom eigenen Nachkommen bis zur britischen Architektur der Zeit nach sich selbst und hinterließ damit durchaus seine Spuren. Die Epoche der Georgs hielt in Großbritannien letzten Endes aber trotzdem nicht länger an als die der Stuarts oder der Tudors. Im Land hatte sich offensichtlich seit dem 15. Jahrhundert ein Trend herausgebildet, wonach Herrscherhäuser regelmäßig ziemlich genau 120 Jahre lang an der Macht blieben. Bei den Tudors waren es bekanntlich nur drei Generationen. Die nachfolgenden Stuarts waren überhaupt nur knappe 110 Jahre auf dem Thron, unterbrochen von einem Bürgerkrieg, der „Republik" Oliver Cromwells und der Regentschaft Wilhelms von Oranien. Was hätten die Hannoveraner also sonst machen sollen? Wenn man über die Deutschen eines mit Sicherheit sagen kann, dann ist es doch, dass Sie sich gern an Regeln halten. Sobald die Hannoveraner also die 120-Jahr-Marke als Könige Englands hinter sich gebracht hatten, traten sie brav ab und machten Platz für die Nachfolge. Naja, so halb zumindest.

Davor brachten die deutschen Herrscher ihren englischen Untertanen freilich noch ein bisschen Ärger ein. Georg III. war bekanntlich ohnehin schon einer der großen Versager der englischen Geschichte, weil unter ihm die amerikanischen Kolonien verlorengingen. Noch schlimmer war allerdings, dass er nach diesem Fauxpas einfach nicht sterben wollte! Anfang des 19. Jahrhunderts war der alte Georg immer noch da, inzwischen schon in seinen Sechzigern, aber ohne auch nur ein Anzeichen, allzu bald abtreten zu wollen. Was ihm an körperlichen Krankheiten mangelte, machte Georg mit seinem geistigen Zustand locker wieder wett. Den Untertanen half das freilich wenig. In seinen letzten Jahren verfiel er zunehmend seiner Geisteskrankheit – so haben Ärzte das damals tatsächlich noch genannt und auch offiziell diagnostiziert. Nach heutigem Wissensstand war sein geistiger Zustand wohl eher das Resultat einer bösen Stoffwechselerkrankung. Ein lustiges Gerücht über den irren Georg III. besagt, dass er sich bei einer Gelegenheit tiefgehend mit einem Baum unterhalten haben soll, den er für den König Preußens hielt. Nach einem wohl erhellenden Gespräch soll er ihm dann den Ast geschüttelt und frohen Mutes nach Hause gegangen sein. So einen höflichen König kann man sich nur wünschen! Ich weiß nicht, was die Briten haben.

Dass die Georgs ihren Zenit unter Georg III. schon überschritten hatten, ahnten damals zwar manche, ganz klar war es den meisten aber nicht. Doch keine Sorge: Der Sohn Georgs III. – natürlich trug er den schönen Namen Georg IV. – sorgte bald schon für Gewissheit. Er übernahm ab 1811 die Regentschaft für seinen „geisteskranken" Vater und machte sich von Anfang an beim Volk beliebt, indem er zum Beispiel aus Panik vor Napoleon jegliche liberalen Tendenzen in der Gesellschaft brutal niederschlagen ließ. Obendrein war Georg IV. tief verschuldet, fettleibig, sex- und opiumsüchtig. Beste Voraussetzungen also, den Ruf der deutschen Dynastie in England ein für alle Mal zu retten! Aber vielleicht musste er das auch gar nicht mehr.

Die Dynastie hatte ohnehin ein viel größeres Problem als ihr Image: Es fehlte ihr die Erben! Georgs einzige Tochter starb schon im jungen Alter, er selbst war da aber schon bald 60 Jahre alt und stand nun ohne Nachfolger da. Die restlichen Mitglieder der königlichen Familie taten das, was jede vernünftige Familie tun würde. Sie verfielen in heillose Panik, und alle Brüder Georgs schauten sich nun händeringend nach Ehefrauen um, um die Linie doch noch irgendwie am Leben halten zu können. Das Lustige daran ist, dass die Familie mehrere Dutzend Kinder aufzuweisen hatte, nur war kein einziges davon legitim! Zwei der Brüder Georgs IV. organisierten 1818 dann gar eine Doppelhochzeit, um die Sache auch wirklich möglichst schnell über die Bühne zu bringen. Letztlich ohne Erfolg. Einer der beiden Brüder, Wilhelm (man staune: ein neuer Name!), kam zwar nach dem Tod Georgs 1830 noch an die Macht, in seiner Panikhochzeit waren ihm aber auch keine Kinder mehr vergönnt. Seine Frau zeugte ihm in den Jahren davor zwar gleich vier, die starben aber alle entweder bei der Geburt oder kurz danach. Mit seiner alten Mätresse hatte Wilhelm ganze neun noch lebende Kinder, aber Sie wissen ja, wie das ist: Diese illegitimen Nachkommen kann sich ein König leider in die Haare schmieren. Ganz umsonst war Wilhelms Liebesnot trotzdem nicht. Aus der Beziehung kam knapp zweihundert Jahre später immerhin ein britischer Premierminister: David Cameron! Der dürfte in den späteren Geschichtsbüchern Großbritanniens aber fast noch eine schlechtere Figur abgeben als Georg III.

Auch Wilhelm selbst hatte nicht mehr viel Zeit, seine Herrschaft über England zu genießen. Er war zum Zeitpunkt der Thronbesteigung fast 65 Jahre alt, und nach nur sieben Jahren als König starb er 1837 dann auch schon, wie gesagt ohne legitimen Erben. Sein Nachkomme Mr. Cameron sollte noch ein bisschen auf seine Chance warten müssen, seinerseits den britischen Staat zu blamieren. Als einzige Nachfolgerin kam 1837 schließlich nur noch Wilhelms Nichte infrage. Das war die Tochter seines Bruders, entstanden aus der Doppelhochzeit von 1818. Letztlich bitter für Wilhelm, dass ausgerechnet sein jüngerer Bruder erfolgreicher mit der Nachfolge war als er. Es dürfte ihn zumindest gefreut haben, dass dieser Bruder 1837 schon tot war und wenigstens nicht selbst den Thron besteigen konnte. Also wurde es eben seine Tochter. Die trug übrigens den schönen Namen ihrer Mutter, Victoire von Sachsen-Coburg-Saalfeld – Victoria. Vielleicht haben Sie den Namen ja schon mal irgendwo gehört.

The glory of Amorbach

Die Tatsache, dass Victoria im Jahr 1837 Königin Großbritanniens wurde, war einer ganzen Reihe an Zufällen geschuldet und beim besten Willen nicht absehbar. So kam sie ja aus den hinteren Rängen der Thronfolge, da ihr Vater nur der drittälteste der Söhne Georgs III. war. Dass es für die kleine Victoria auch sonst im Leben nicht ganz einfach werden würde, war von Beginn an offensichtlich. Immerhin entstand sie aus einer Panikehe. Ihr Vater Eduard war nicht wirklich an der Gründung einer Familie interessiert gewesen. Er war ein alter Spieler und hatte sich eigentlich schon damit abgefunden, der kleine Bruder des Königs zu bleiben. Erst als die Tochter Georgs III. unerwartet starb, dämmerte es Eduard, dass er vielleicht doch noch eine Chance hatte, und er suchte sich, wie sein Bruder Wilhelm, schnellstmöglich eine Frau, in dem Fall eben Victoire von Sachsen-Coburg-Saalfeld. Eine protestantische deutsche Frau zu ehelichen, hatte in der Hannoveraner Dynastie ja Tradition. Dabei dürfte seine Auswahl aber auch etwas eingeschränkt gewesen sein. Jeder wusste, dass Eduard tief in Schulden steckte. Damit wollte kaum ein stolzer Vater in Deutschland zu tun haben. Wäre es hart auf hart gekommen, hätte er dann ja für seinen unnützen Schwiegersohn aufkommen müssen. Mit Victoire klappte die Hochzeit insofern auch nur, weil deren Vater Leopold von Sachsen-Coburg seinerseits ebenfalls wettete und darauf setzte, dass Eduard tatsächlich noch König werden würde. Oder eben zumindest sein Nachkomme. Ein recht riskantes Spiel, das sich für den braven Leopold nur mit viel Glück zum Guten wandte.

Um ganz sicherzugehen, fand die Hochzeit zwischen Eduard und Victoire dann auch gleich zweimal statt, erst in Coburg, dann in der Doppelzeremonie in England. Danach reisten Eduard und seine frischgebackene Ehefrau gleich wieder zurück nach Deutschland. London war – damals wie heute – einfach zu teuer für eine junge Familie. Es ist schon interessant zu sehen, wie die Stadtplaner Londons in satten 200 Jahren keine Lösung für dieses Problem zu finden vermochten … Aber zum Glück fand die Familie in Deutschland ein mindestens gleichwertiges neues Zuhause: Amorbach. Das muss die Verwandten in England schon reichlich beeindruckt haben! Amorbach, das stolze Amorbach, gelegen in … Ja, wo liegt das denn jetzt wieder? Egal, allzu lange blieben sie dort ohnehin nicht. Als Victoire nämlich schwanger wurde, dämmerte es Eduard, dass sein Sohn oder seine Tochter auf jeden Fall in England auf die Welt kommen sollten, wenn sie sich jemals Hoffnungen auf den Thron machen wollten. Da hätte der liebe Eduard nun wirklich früher draufkommen können! Nun musste seine hochschwangere Frau eine holprige Kutschenfahrt quer durch Europa ertragen, was schon in so einigen Fällen zu Fehlgeburten geführt hatte. Bei so viel Kurzsichtigkeit scheint es fast ein Wunder, dass Victoire 1819 tatsächlich ein gesundes Mädchen im Londoner Kensington-Palast zur Welt brachte.

Doch die Probleme hörten nicht auf für die Familie. Georg IV. hatte nach dem Verlust seiner Tochter kein großes Interesse daran, seine kleine Nichte Victoria als Nachfolgerin aufzubauen. Seine Blockadepolitik fing schon bei der Taufe der Kleinen an. Eduard wollte seiner Tochter einen richtig schönen englischen Namen geben, um sie quasi im Vorfeld als Königin zu positionieren. Elisabeth wäre schön gewesen. Oder gar Georgina. Wir können froh sein, dass aus Georgina nichts wurde, hätte das die Sache doch noch einmal komplizierter gemacht. Aber so weit ließ Georg IV. es ohnehin nicht kommen. Die Szene der Taufe muss ein Bild für Götter gewesen sein. Die junge Familie und Georg, als Familienoberhaupt, standen ums Taufbecken herum, und Eduard schlug einen wunderschönen englischen Namen nach dem anderen für sein Kind vor. Georg stand ihm gegenüber und lehnte jeden einzelnen ab. Letzten Endes bestand er dann darauf, dass das Kind doch einfach nach seiner Mutter benannt würde: Victoria. Als ersten Vornamen brachte Eduard zwar noch Alexandrina durch. Inwiefern gerade dieser Name englisch sein soll, ist mir aber ein Rätsel.

Man kann den Iren eben nicht trauen

Allzu viel Rampenlicht erhielt die kleine Prinzessin in der Folgezeit ohnehin nicht, sodass die Namenswahl zunächst reichlich irrelevant blieb. Nach der Taufe verließ die Familie London auch sofort wieder. Sie konnte es sich immer noch nicht leisten, dort zu wohnen. Zurück ins prunkvolle Amorbach war aber auch keine Lösung. Schließlich wollten sie mit Victoria die nächste Königin Großbritanniens großziehen! Also fiel die Wahl auf den kleinen Ort Sidmouth an der südwestenglischen Kanalküste. Das ist so ein typisch wunderbarer, urenglischer Ort, wie man ihn sich aus britischen Tourismuswerbungen vorstellt. Raue Küste, meterhohe Klippen, harsches Wetter und noch harschere Leute. Hätte das dem lieben Eduard nur jemand gesagt. Der scheint Sidmouth Anfang 1820 mit Palma de Mallorca verwechselt zu haben. Er ging in bitterer Kälte leicht gekleidet spazieren. Kurz darauf packte ihn eine Lungenentzündung, und er starb. Glorreich, mein Lieber, ausgesprochen glorreich.

Victorias Mutter stand nun plötzlich ganz alleine da mit einem knapp einjährigen Kind. Da konnte sich König Georg IV. nicht mehr querstellen, er musste irgendwie Hilfe leisten. Wie sollte das auch aussehen, wenn die Tochter eines Mitglieds der königlichen Familie einfach zur Seite geschoben wurde und mit ihrer verwitweten Mutter irgendwo an der Kanalküste verrottete? Also holte er Victoire zurück nach London, gewährte ihr eine Unterkunft im Palast und sprach ihr sogar eine kleine Witwenrente zu. Dadurch war das Überleben von Victoire und ihrer kleinen Tochter erst einmal gesichert. Eine bessere Mutter für die kleine Prinzessin wurde Victoire dadurch freilich nicht. Sie hatte sich nie wirklich mit ihrer neuen Rolle abgefunden und war damit auch einigermaßen überfordert. Als dann auch noch der Kindesvater starb, war es für Victoire endgültig vorbei, und sie wusste überhaupt nicht mehr, wo ihr der blaublütige Kopf stand. Und das bemerkten die Leute um sie herum auch schnell.

Ein am Hof dienender Ire konnte die Situation schon bald gekonnt ausnutzen und der neue starke Mann an der Seite der Witwe werden. Dieser Mann hieß John Conroy. Er war schon unter Eduard dem Hof beigetreten, jetzt aber sah er seine Chance gekommen, ganz gewaltig an Einfluss zu gewinnen. Er bezirzte Victoire, beriet sie in ihren vielen alltäglichen Problemen und machte sich so nach und nach zu ihrem wichtigsten Vertrauten. Dabei war es nicht Conroys primäres Ziel, sich bei einer alten Witwe einzuschleimen. Ihm ging es um das Töchterchen: Victoria. Er wollte so viel Einfluss auf die kleine Prinzessin gewinnen wie nur möglich. Er schirmte Victoria so gut es ging von den englischen Verwandten ab in der Hoffnung, dass sie die Krone erben würde, noch bevor sie volljährig war. Dann nämlich wäre die Mutter der Prinzessin, Victoire, Regentin geworden, und Conroy hätte quasi durch sie das Land mitregieren können. Ein komplexer und langwieriger Plan also. Und man weiß ja: Je komplexer und langwieriger der Plan, desto eher geht er schief. So war es auch bei Conroy. Die Könige Georg IV. und Wilhelm lebten letzten Endes nämlich doch länger als geplant, und Victoria wurde währenddessen immer älter. Conroys Plan schien zu einem unglücklichen Ausgang entgegenzugehen.

Eine peinliche Show

Als ihr Onkel Wilhelm 1837 starb, war Victoria gerade achtzehn Jahre alt geworden und stand nun tatsächlich ganz oben auf der Erbfolgeliste. John Conroy muss das anständig geärgert haben. Wäre Wilhelm doch nur ein paar Jährchen früher gestorben, wäre er zu einem der mächtigsten Männer im Land aufgestiegen. So war er plötzlich gar nichts! Doch auch für Victoria war es keine einfache Zeit, die Krone zu übernehmen. Ihre Vorgänger waren in England ja schon seit Georg III. zunehmend unbeliebt. Der opiumsüchtige Georg IV. und der alte Wilhelm vermochten daran naturgemäß auch nicht mehr viel zu ändern. Mit Victoria wurde das Herrschaftshaus obendrein noch etwas deutscher, was nicht gerade Begeisterungsstürme in der Bevölkerung und politischen Klasse auslöste. Neben der alten Hannover-Linie kam jetzt auch noch die Sachsen-Coburg-Saalfeld-Linie ihrer Mutter hinzu. Davon abgesehen war Victoria so ein schrecklich unenglischer Name …

Bei der Krönung im Jahr darauf lief für Victoria dann auch symbolisch alles schief, was nur schieflaufen konnte. Die Umhangträger der Königin trugen selbst Umhänge und stolperten regelmäßig über die eigenen Füße. Der Bischof überblätterte im Eifer des Gefechts ganze Seiten seiner Predigt, und ein Altar der Kirche wurde als Buffettisch missbraucht, ohne dass es jemandem aufgefallen wäre. Zum „krönenden" Abschluss steckte der Erzbischof Victoria auch noch einen Ring an den falschen Finger, der sich nicht mehr abnehmen ließ. Ein durch und durch gelungener erster Tag also! Da konnte einer erfolgreichen Regierungszeit eigentlich nichts mehr im Weg stehen.

Andererseits hatte die junge Königin einen kleinen Startvorteil: Sie war jung und politisch unschuldig. Nach dem über siebzigjährigen Wilhelm und der noch immer nachklingenden Geschichte mit dem einfach nicht totzukriegenden Georg III. war das eine wohltuende Neuigkeit für das britische Establishment. Außerdem wurde das Königshaus mit Victoria nicht in jeder Hinsicht deutscher. Im Gegensatz zu England war es auf der anderen Seite des Ärmelkanals, in Hannover, nicht möglich, als Frau Königin zu werden. Victoria verlor also den Titel der Königin Hannovers, und das Land ging an ihren Onkel. Die ungleiche Personalunion zwischen England und Hannover war damit nach 120 Jahren Geschichte. Das sollte für England letztendlich kein Verlust, sondern ein großer Glücksgriff sein, und es störte auch schon 1837 kaum jemanden. Das kleine Königreich in Norddeutschland war inzwischen ja mehr ein Klotz am Bein, als das Ganze je wert gewesen war. Und ein paar Jahrzehnte später – was man damals freilich noch nicht wusste – sollte ohnehin Bismarck auf den Plan treten und Deutschland vereinen. Der Stress blieb Victoria und England somit erspart.

Einer anderen lästigen Sache konnte sie sich aber nicht entziehen. Denn von Victoria wurde selbstverständlich erwartet, möglichst bald zu heiraten und Nachkommen zu zeugen. Wir kennen das inzwischen, nicht zuletzt von Elisabeth I. knapp dreihundert Jahre zuvor. Frauen an der Spitze hatten es damals nicht gerade leicht. Das Establishment traute Königinnen im Grunde nichts zu und wollte sie nur möglichst schnell unter der Haube sehen. An Angeboten mangelte es Victoria nicht. Sie war zwar ein recht blasses und schüchternes junges Fräulein, aber doch recht ansehnlich. Nebenbei war sie als Königin Englands auch die reichste unverheiratete Adelige Europas. Das hat dem Interesse an ihr sicher nicht geschadet.

Die Auswahl war jedoch dank dem Act of Settlement immer noch ziemlich einschränkt. Es durfte nur ein protestantischer Fürst sein und noch dazu einer von halbwegs ernst zu nehmendem Stande. Wieder mal schien ein deutscher Adeliger damit fast unausweichlich, wenn auch Victoria zwischenzeitlich eine kleine Liebelei mit dem zukünftigen Zaren Russlands, Alexander II., unterhielt. Eine solche Liaison wäre aber schon einigermaßen unrealistisch gewesen, zu unterschiedlich waren die beiden Reiche. Außerdem stand im Act of Settlement nur deshalb nichts von Orthodoxen, weil in England schlicht noch keiner wusste, um was es sich dabei handelte beziehungsweise dass es die gab, wäre doch sonst auch eine solche Heirat sicher verboten worden. Schließlich ist die Orthodoxie die einzige christliche Kirche, die der katholischen in Sachen Autokratie und Obrigkeitsgetue etwas beibringen kann! Diese Qualitäten wurden im anglikanischen England nicht sonderlich hoch geschätzt. Im Endeffekt fiel die Wahl Victorias damit doch noch auf einen Deutschen: Albert von Sachsen-Coburg-Saalfeld. Was sagen Sie? Der Name kommt Ihnen bekannt vor? Er ist der gleiche wie der von Victorias Mutter? Da muss es sich um einen Zufall handeln, denn wer würde schon seinen Cousin heiraten.

Königin von Großbritannien aka die Zuchtkuh der Nation

Für Victoria war die Hochzeit mit Albert aus mehreren Gründen ein gelungener Schachzug. Sie war in ihren ersten Jahren als Königin ja nicht besonders erfolgreich unterwegs. Das ist bei ihrem jungen Alter auch wenig verwunderlich, und die „Vorbereitung", die sie im Hause Conroy erfahren hatte, half da sicher wenig. Nun weiß ich nicht im Detail, welche Voraussetzungen eine Königin Großbritanniens so mitbringen muss, Menschenscheu, soziale Isolation und Abhängigkeit von einem alten Iren gehören aber wahrscheinlich nicht dazu. Albert hatte da sicher bessere Qualitäten, die er in die Ehe einbringen konnte. Aber darum ging es natürlich nicht in erster Linie. Zur Zeit Victorias regierte der Monarch Großbritanniens nicht mehr wirklich, das war schon lange Aufgabe der Premierminister, und daran konnte auch ein gebildeter und ambitionierter Prinzgemahl wie Albert nichts ändern. Aufgabe einer Königin war vielmehr – und daran konnte er sehr wohl etwas ändern –, möglichst schnell Nachwuchs zu zeugen. Diese Regel gilt generell auch für männliche Könige, die haben damit aber sicher weniger Probleme als eine Frau wie Victoria. Für männliche Könige bedeutet Nachwuchszeugen ja einfach ein bisschen Bettgeschichten, Königinnen müssen dagegen ungeachtet ihres hohen Standes auch noch den Rest, was Schwangerschaft und Geburt so mit sich bringen, durchstehen, um den Fortbestand der monarchischen Linie zu sichern.

Die Sache mit den Kindern ging beim frisch vermählten Ehepaar auch gleich sehr erfolgreich los. Schon in der Hochzeitsnacht schwängerte der gute Albert seine neue Frau. Respekt, er ließ wirklich nichts anbrennen! Victoria war darüber um einiges weniger erfreut. Sie hatte mit Kindern gar nichts am Hut, und die Schwangerschaft – übrigens auch all ihre zukünftigen Schwangerschaften – führten bei ihr zu einer tiefen Depression. Durchaus nachvollziehbar, ist es doch für eine Königin weniger schön, wenn die eigene Aufgabe fast vollständig aufs Kinderzeugen reduziert wird. Der Job ist also nicht so einfach, wie man gemeinhin denkt. Nun hat zum Glück jede Schwangerschaft auch etwas Gutes: Sie ist nach neun Monaten vorüber. Für normale Menschen grenzt das die Sache zumindest etwas ein. Nicht bei Victoria: Sie durfte im Laufe der 1840er- und 50er-Jahre gleich neun Kinder austragen – insgesamt also fast sieben volle Jahre Schwangerschaft! Dazu kam dann noch die Erziehung der Kinder, auch wenn man das zu guten Teilen an die Dienerschaft abtreten konnte. So hatte sich Victoria ihre Zeit als Königin sicher nicht vorgestellt.

Während sie ein Kind nach dem anderen zur Welt brachte, konnte zumindest Albert sich ein bisschen austoben. Er hatte die fixe Idee, dass die königliche Familie in England auch politischen Einfluss haben sollte. Da aber verwechselte er wohl Großbritannien mit seinem kleinen, rückständigen Coburg! Spätestens seit dem ersten Georg, ausgerechnet einem anderen Deutschen, hatte die königliche Familie in London so gut wie gar nichts mehr zu melden und durfte nur noch in regelmäßigen Abständen die Entscheidungen des Premierministers abnicken. Insofern verständlich, dass das britische Establishment den Ideen Alberts nicht sonderlich viel Sympathie entgegenbrachte. Weniger einsehen lässt sich, warum damals kein Politiker auf die Idee kam, die Monarchie einfach ganz abzuschaffen. Aber das ist wohl etwas typisch Englisches: mit allem unzufrieden, aber zu sehr an den lieb gewonnenen Traditionen hängen, um etwas grundlegend zu ändern. Da ließen sie lieber alles, wie es war, und ignorierten den König einfach.

Nachdem Albert irgendwann hatte einsehen müssen, dass sich keiner für seine Vorstellungen von Königsherrschaft interessierte, konzentrierte er sich auf andere Dinge. Er begann etwa, das Familienmarketing zu übernehmen und die königliche Familie bei jeder Gelegenheit nach außen hin darzustellen. Besonders angetan war er dabei von der Erfindung der Fotografie. Seine Fotos des royalen Familienglücks, insbesondere zu Weihnachten, sind noch heute berühmt. In gewisser Hinsicht erfand er das moderne Weihnachten als Zeit der bürgerlichen Behaglichkeit, da viele wohlhabende britische Familien es dem Königspaar gleichtaten. Ein paar Jahre später, genauer im Jahr 1851, durfte Albert sich dann noch einmal richtig austoben und die erste „Great Exhibition" gestalten, die erste Weltausstellung, zu deren Anlass in London ein riesiger Glaspalast errichtet wurde, um die industrielle Macht des Landes zu demonstrieren. Aus diesem Event entstand über die Jahre die heutige Weltausstellung, die immer noch alle vier Jahre oder so stattfindet, ohne dass man genau weiß, wozu.

Und was macht deine Oma so?

Albert hatte als Prinzregent, wenn er schon keine echte Macht besaß, also zumindest seinen Spaß. Dasselbe konnte man über Victoria nicht sagen. Während Albert sein Leben genoss, Weihnachtsfotos schoss und Glaspaläste baute, war sie durchgehend schwanger. Und Victoria, so viel ist sicher, hasste all ihre Schwangerschaften. Sie hasste ihre Rolle als Mutter und hatte für ihre zahlreichen Kinder nicht viel übrig. Das ging sogar so weit, dass Albert sich irgendwann öffentlich beschwerte, Victoria besitze kaum mütterlichen Instinkt. Victoria bereute es auch ihr Leben lang, so früh und oft schwanger geworden zu sein. Einige Jahre später warnte sie ihre älteste Tochter Vicky eindringlich davor, den gleichen Fehler wie sie zu begehen. Das nahm die kleine Vicky durchaus ernst und wurde erst viele, viele … nun ja: Tage nach ihrer Hochzeit schwanger. Das war übrigens in Berlin, und ihren Sohn Willi kennen Sie vielleicht.

Bedenkt man, wie ungern Victoria ihre Rolle als Mutter wahrnahm, ist es geradezu merkwürdig, welch begeisterte Großmutter sie wurde. Vor allem liebte sie das Managen ihrer Enkelkinder. Sie verheiratete ihre eigenen neun Nachkommen ja strategisch in ganz Europa, wodurch über die Jahre Familienbande in alle Richtungen entstanden. Die schon genannte älteste Tochter Vicky wurde nach Preußen verheiratet, wo sie bereits wenige Wochen nach ihrer Hochzeit ihren Wilhelm auf die Welt brachte, von dem man später noch das ein oder andere hören sollte. Andere Kinder Victorias wurden nach Dänemark, Russland und quer über Deutschland hinweg verheiratet. Das Ergebnis war, dass Victoria in späteren Jahren ganze vierzig Enkel und über achtzig Urenkel in allen möglichen europäischen Herrscherhäusern hatte. Das war ihr auch ganz wichtig, sah sie es doch als ein diplomatisches Instrument, um den Frieden in Europa zu erhalten. Funktioniert hat es bekanntlich wunderbar, und als es dann 1914 doch zu ein bisschen Streit kam, ging man, wie in solchen Familien üblich, sehr rücksichtvoll miteinander um. Aber das erlebte die alte Victoria zum Glück ja nicht mehr.

Victoria brachte Europa aber nicht nur die Hälfte seiner Adeligen ein, nein, sie hatte auch noch ein kleines genetisches Geschenk für sie im Gepäck. Sie war nämlich Trägerin der Bluterkrankheit. Das wusste sie lange Zeit selbst nicht, weil die Krankheit bei Frauen nicht ausbricht; sie sind nur die Überträger. Die Folge war aber, dass ein guter Teil des europäischen Adels die Krankheit bald in sich trug. Der Sohn des letzten Zaren Russlands ist vielleicht der bekannteste unter ihnen. Auch das also eine schöne Folge der adeligen Inzucht in Europa. Aber so schlimm war das nun nicht, sterben und abtreten sollten diese ganzen Nachkommen ohnehin ganz anders. Auf den Schlachtfeldern des Ersten Weltkriegs zum Beispiel. Oder im Fall des Zarensohns durch die Waffe eines Bolschwiken. Möglicherweise ist so ein Kopfschuss für einen Bluter gleich doppelt unangenehm.

„Und welches Kleid soll's heute sein, Your Majesty? Das schwarze oder das schwarze?"

Seit ihrer Hochzeit mit Albert war Victoria einerseits schwer mit dem Kinderbekommen beschäftigt, andererseits in allen Bereichen, nicht zuletzt auch der Politik und Öffentlichkeitsarbeit, von ihrem Mann abhängig. Er hatte in allem seine Finger im Spiel und war Victorias wichtigster, wenn nicht sogar einziger Berater. Da war es natürlich doppelt blöd, dass Albert 1861 an Typhus starb – ein weiterer glorreicher Tod im britischen Königshaus. Nun kann man als Ehefrau und Königin auf viele Arten auf den Todesfall des Partners reagieren. Gefasst in Trauer und mit Würde wäre eine Option. Viele in England hätten das sicher gern von ihrer Königin gesehen. Victoria entschied sich ein wenig anders: Sie trug für den Rest ihres Lebens nur noch Schwarz, sprach ständig über ihren toten Mann und benannte alles, was sie nur konnte, nach Albert. Das wurde mit der Zeit doch einigermaßen peinlich, aber sei's drum.

In der ersten Zeit nach dem Tod ihres Mannes war Victoria zu überhaupt nichts zu gebrauchen. Sie zog sich aus fast allen Regierungsgeschäften zurück und umgab sich nur noch mit ihrer Dienerschaft und – wenn sie gerade mal Lust hatte – mit ihren Kindern oder zumindest einigen von ihnen. Bei der Dienerschaft war sie in der Zeit um einiges beliebter als bei der eigenen Verwandtschaft, weil sie ihr in dieser Phase so ziemlich alles durchgehen ließ. Selbst noch der schwerste Alkoholiker war am Hof Victorias willkommen, was der Situation sicher nicht zuträglich war. Dass diese Trauerphase in die außenpolitisch anspruchsvollen 1860er-Jahre fiel, war für England zumindest unpraktisch. In Europa rumorte es zu der Zeit gewaltig. Italien wurde zum Nationalstaat, und auch in Deutschland standen die Zeichen immer stärker auf Vereinigung. Albert selbst war noch ein großer Anhänger dieser Bestrebungen gewesen, und es enttäuschte ihn in hohem Maße, als 1848 die bürgerliche Revolution am Ziel eines deutschen Nationalstaats scheiterte. Die eventuelle deutsche Einigung der 1860er war dann für Victoria in gewisser Weise eine persönliche Angelegenheit. Immerhin saß ihre älteste Tochter Vicky in Berlin und hatte dort so ihre lieben Probleme mit dem mächtigen Kanzler Otto von Bismarck, der ihr und ihrer Mutter tief mistraute. Die Sache wurde für Victoria mit der Zeit nicht einfacher. Schon 1866 sorgte Bismarck dafür, dass Hannover seine Unabhängigkeit verlor. Victorias Cousin, der König Hannovers, fand sich somit über Nacht entmachtet, was bei aller Hassliebe zwischen den beiden doch ein mulmiges Gefühl bei Victoria hinterlassen haben dürfte. Noch ein paar Jahre später, 1871, war Deutschland dann endgültig vereint. Aber nicht alles war schlecht. Victorias Tochter Vicky wurde in diesem neuen Deutschen Reich im Jahr 1888 sogar Kaiserin – zumindest für ganze 99 Tage, bevor dann ihr Mann Friedrich an seinem Krebsleiden starb. Der begab sich zu der Zeit übrigens nach England, um sich dort behandeln zu lassen, und irgendein äußerst kompetenter britischer Arzt empfahl ihm, einfach ans Mittelmeer zu reisen. Das sanfte Klima wird's schon richten. Das klappte nur mittelprächtig, aber nach dem Tod Friedrichs kam immerhin Vickys Sohn auf den Thron, Kaiser Wilhelm II. Das ist doch auch was.

Krebskranke Kaiser hin oder her, im frisch ausgerufenen Deutschland saßen die Monarchie und die Kaisermutter Vicky zu der Zeit fest im Sattel. In England war die Position der Königin nicht ansatzweise so sicher. Die Briten hatten es inzwischen nämlich kapiert! Eine Königin passte eigentlich gar nicht zu den typisch englischen Ideen von Liberalismus, Rechtsstaat und (zumindest behaupteten sie das immer) Demokratie. Gegen Ende des 19. Jahrhunderts wuchs also auch hier eine republikanische Bewegung heran. Frankreich war inzwischen wieder eine Republik und schien gar nicht so erfolglos damit – zumindest wenn man von der peinlichen Niederlage gegen die Deutschen 1870 absieht, die dann ihr Reich ausgerechnet in Versailles ausriefen. In dieser Stimmung war es für Victoria wohl einfach Glück, dass die Lage in Großbritannien nicht kippte. Dabei half vielleicht auch, dass sie sich irgendwann zumindest persönlich wieder beim Volk beliebt machen konnte, wenn es schon die Rolle der Königin an sich immer kritischer sah. Victoria versuchte sich gar als Romanautorin, was im Volk auf viel Interesse stieß. Nun hatte Großbritannien zwar keine aktive oder sonderlich nützliche Monarchin, zumindest war sie jetzt aber volksnah und „zum Anfassen". Vielleicht sollte Theresa May einfach einen Krimi schreiben, um besser beim Volk anzukommen? Über üble Gauner und viele Millionen gestohlene Pfund. Vielleicht könnte ja auch ein Bus darin vorkommen?

In ihren späten Jahren konnte Victoria so richtig auf ihre große Beliebtheit beim Volk bauen. 1887 feierte sie hochoffiziell ihr goldenes Jubiläum, 50 Jahre Königin! Die Feierlichkeiten gestalteten sich als gigantischer Triumphzug für die alte Regentin, die inzwischen sogar Kaiserin von Indien war. Klingt gut, war aber nicht wirklich von Bedeutung – Indien hatten die Briten ja schon länger kolonisiert, und wie sich der oberste Unterdrücker dann nennt, ob „Verwalter", König oder Kaiser, war Indern wie Engländern einigermaßen egal. Aber die anderen Europäer hatten halt auch ihre Kaiser, von Österreich über Deutschland und Russland bis Frankreich, wenn nicht gerade mal wieder eine Republik ausgerufen wurde. Da wollte Victoria nicht hintanstehen. Zehn Jahre später feierte sie ihr diamantenes Jubiläum, was auf ähnlich große Begeisterung stieß. Die königliche Familie war Ende des 19. Jahrhunderts also wieder auferstanden und stand eigentlich auf ihrem Zenit. Langsam sah man der Königin ihr Alter aber an. Nachdem sie sich das 20. Jahrhundert noch kurz beäugt hatte und für sich beschloss, dass es gar nicht mal so toll war, wie alle behaupteten, starb Königin Victoria am 22. Januar 1901. Am Sterbebett saß ihr Enkel Wilhelm II. stundenlang, bis sie schließlich entschlummerte. Pflichtbewusst sind sie, die Preußen, da ist schon was dran. Wilhelm sollte ihr Erbe dreizehn Jahre später aber noch an anderer Front reichlich ehren.

Das war's dann mit der britischen Größe.
Kann das jemand den Briten sagen?

Wenn wir heute zurückdenken, war die viktorianische Zeit für Großbritannien eine Epoche nie dagewesener imperialer Größe. Das Land war auf dem Höhepunkt seiner Macht angelangt. Damals war diese Tatsache den Menschen in Großbritannien allerdings viel weniger klar. Victoria war bei Weitem nicht zu jeder Zeit ihrer Regentschaft beliebt. Schon zu Beginn sprach das britische Establishment ihr ab, eine gute Königin sein zu können. Vielmehr sollte sie lieber schnell heiraten, einen kompetenten Mann ins Haus holen und einen hoffentlich männlichen Nachkommen zeugen. Im Laufe der Zeit schwankte Victorias Ansehen immer wieder. Mal war sie als trauernde Witwe und Romanautorin äußerst beliebt, dann stand die republikanische Bewegung kurz vor dem Durchbruch, und gerade Victorias letzte Jahre waren wieder gekennzeichnet von Bewunderung und breiter Zustimmung. Was die Leute damals aber nicht wissen konnten: Mit der Größe Britanniens war es bald vorbei. Auch das Grund, warum Victorias Zeit heute für viele Briten eine goldene Ära darstellt. Gerade für die Anhänger des Brexits, sollte man sagen. Die könnten eine Auffrischung ihres Geschichts-ABCs vertragen und etwas über Kolonialgeschichte, Krimkrieg oder Ersten Weltkrieg lernen ... oder über Wirtschaftspolitik ... oder Europa ... oder Anstand ...

Worin Victoria, als sie 1901 starb, dagegen komplett scheiterte, war ihre Friedenspolitik. Sie war der festen Überzeugung, dass ihre vielen Kinder, Enkel und Urenkel in ganz Europa schon dafür sorgen würden, dass der Kontinent in keinen großen Krieg schlittert. Man kämpft ja schließlich nicht gegen die eigene Verwandtschaft! Das war eine wirklich süße, aber naive Annahme einer Person des frühen und mittleren 19. Jahrhunderts. Inzwischen hatten die Staaten Europas etwas erfunden, das viel wichtiger war als die Verwandtschaftsbeziehungen der europäischen Herrscherhäuser: den Nationalismus. Spätestens seit den 1840ern war es en vogue, sich in ganz Europa irgendwelche Nationsgebilde auszudenken. „Oh, wir sprechen eine ähnliche Sprache. Wir gehören zusammen!" Eine dümmere Logik lässt sich kaum finden. Genau sie führte dann nur ein paar Jahre nach Victorias Tod zur „Urkatastrophe des 20. Jahrhunderts", dem Ersten Weltkrieg. Warum Urkatastrophe? Nun ja: Weil wirklich keine europäische Macht als Sieger aus ihr hervorging. Vielmehr verloren alle; Deutschland merkte es gleich, England und Frankreich erst ein bisschen später. Der große Gewinner war dagegen woanders zu finden. Haben Sie sich je gefragt, warum in Europa überall McDonalds-Filialen rumstehen?

Kapitel 8

Mit Europa hat man nur Ärger …
Die Weltkriege

Victorias komische Verwandtschaftsverhältnisse hin oder her: Zu Beginn des 20. Jahrhunderts fand sich Großbritannien in einer eher … nun ja, beschissenen Situation wieder. Der europäische Kontinent war seit Jahren im Aufruhr. Vierzig Jahre zuvor hatte sich Italien vereinigt, gute zehn Jahre darauf dann gar Deutschland. Frankreich ging währenddessen gefühlt alle paar Jahre von Monarchie zu Republik über, dann zu Imperium und wieder zurück, und die restlichen Großreiche Europas, Russland, Österreich-Ungarn und das Osmanische Reich, faulten zunehmend vor sich hin. Und mitten in diesem Chaos standen die Briten. Das war natürlich unangenehm. Eigentlich hatten die Leute auf der Insel sich schon lange geeinigt, dass sie mit dem Kontinent nicht allzu viel zu tun haben wollten. Das ging sogar so weit, dass Großbritannien nach den Kriegen mit Napoleon das Angebot ablehnte, wieder Land auf dem Kontinent zu besitzen. Wenn das jemand dem alten König Ohneland und seinen Nachfolgern gesagt hätte, sie wären vom Stuhl gefallen. Und in vielen Fällen nicht mehr aufgekommen, so fettleibig wie sie waren.

Eigentlich musste sich Großbritannien mit diesem kontinentalen Geplänkel nicht mehr abgeben. Schon im frühen 19. Jahrhundert merkten die Verantwortlichen im Land, dass es vollkommen genügte, die Meere um Europa und damit den Handel zu beherrschen. Großbritannien hatte ohnehin das größte Imperium der Welt hinter sich und hatte dank seiner Industrialisierung des frühen 19. Jahrhunderts einen riesigen technologischen und wirtschaftlichen Vorsprung auf den Rest Europas. Da brauchte es doch beim besten Willen keine Armee oder gar einen Stützpunkt in Europa! Stattdessen entschied sich das Land für etwas, das als „Splendid Isolation", als prächtige Isolation bekannt wurde. Kurz gesagt funktionierte die britische Außenpolitik dann so: Die Kinder auf dem Kontinent sollten ruhig spielen und sich gegenseitig von Zeit zu Zeit an die Gurgel gehen. Von der britischen Insel aus hielt man währenddessen die Fäden in der Hand, kontrollierte die Meere und griff notfalls ein, um die Balance der kontinentalen Mächte wiederherzustellen. Das war ja überhaupt eine Obsession der damaligen Briten: das Gleichgewicht der Mächte. Klingt heute wie der Titel eines miesen Brettspiels mit Game-of-Thrones-Bezug, war damals aber tatsächlich die leitende diplomatische Idee des britischen Staats. Man wollte in Europa ein Gleichgewicht mehrerer mächtiger Staaten aufrechterhalten, die sich gegenseitig im Zaum hielten, während Großbritannien immer reicher und mächtiger wurde. Und so schlecht funktionierte das gar nicht einmal! Für die längste Zeit war Deutschland noch in Kleinststaaten unterteilt, Frankreich änderte wie gesagt alle paar Wochen die Staatsform, Russland und das Osmanische Reich verprügelten sich gegenseitig, und Österreich-Ungarn trug seine Konflikte – wie der Staatsname schon verrät – gleich ganz im Inneren aus. Da konnte man von London aus gemütlich zuschauen und hin und wieder die ein oder andere Seite unterstützen, um die Balance zu halten. Eine nette Sache war das also. Die Betonung liegt auf „war".

Hochmut kommt vor dem Fall – sagt man über andere

Als die alte Königin Victoria 1901 starb, sah die Sache schon grundlegend anders aus. Deutschland war kein Haufen unbedeutender Kleinstaaten mehr, sondern wurde zum größten Konkurrenten Großbritanniens im europäischen Spiel der Mächte. Frankreich war inzwischen seit Jahrzehnten eine mehr oder weniger stabile Republik, die sich aus Angst vor Deutschland zunehmend auf Großbritannien zubewegte. Russland und das Osmanische Reich hatten sich in der Zwischenzeit selbst an den Rand der Vernichtung gebracht. Russland war im Vergleich zu den westeuropäischen Staaten schon so weit zurückgefallen, dass es 1905 sogar einen Krieg gegen Japan verlor. Das war das erste Mal in der Geschichte, dass ein moderner europäischer Staat einem nicht europäischen Gegner militärisch unterlag! Dem Osmanischen Reich liefen in der Zwischenzeit die Territorien davon, da sich auf dem Balkan ein Land nach dem anderen vom Sultan unabhängig erklärte. Österreich-Ungarn siechte weiter vor sich hin; vielleicht hätten sie dort ja einen Kompromiss finden können, wenn sie sich nur geeinigt hätten, in welcher der fünfzehn Staatssprachen verhandelt werden sollte. Wer jetzt aufgepasst hat, kann unschwer erkennen: Mit Balance war da nicht mehr viel. Auf dem Kontinent gab es Deutschland und daneben noch ein paar unbedeutende Nebenspieler. Und dann gab es da Großbritannien.

Diese beiden Supermächte befanden sich zunehmend auf Konfrontationskurs. So nett es vom kleinen Kaiser Willi auch gewesen sein mag, am Bett von Omi Victoria bis zu ihrem Tod auszuharren und ihr Kissen zu stützen: Viel Sympathie für Großbritannien trug dieser Mann nicht in sich. Stattdessen setzte das Deutsche Reich unter ihm alles daran, die britische Dominanz auf den Weltmeeren zu brechen. Eine größere Armee zu Lande hatte Deutschland ja sowieso schon, jetzt sollte auch die deutsche Marine der britischen ebenbürtig werden. Das war für London natürlich ein Problem. Gut, was sollte Großbritannien mit einer großen Armee? In dem Bereich war man gerne bereit, den Deutschen ihren Platz zu lassen. Es war ja nicht so, als würden die britischen Soldaten in absehbarer Zeit auf dem Kontinent abgeladen werden, um irgendwelche französischen Schützengräben zu verteidigen. Zur See aber versuchte Großbritannien alles, um Deutschland im Zaum zu halten. Das Land legte sich gar selbst die Regel auf, zu jeder Zeit eine größere Flotte zu besitzen als die zweit- und drittgrößte Seemacht zusammengenommen. Tolles Vorhaben – wenn sich nur jemand überlegt hätte, wie man das Ganze bezahlen sollte …

Das Problem war für Großbritannien im Grunde einfach: Anfang des 20. Jahrhunderts hatte die britische Wirtschaft nicht mehr den gleichen Stand wie früher. Der enorme Vorsprung, den das Land zu Zeiten der beginnenden Industrialisierung noch genossen hatte, war schon lange aufgebraucht, und gerade in den modernen Industriezweigen – Elektrotechnik oder Automobile zum Beispiel – war Deutschland den Briten bereits voraus. Es bauten ja sogar die Franzosen bessere Autos als die Engländer! Ein Beobachter bemerkte Anfang des Jahrhunderts lapidar, aber treffend, dass er nur wenig Ruhm in einem Empire zu sehen vermöge, dass zwar die Wellen beherrsche, die eigenen Abwasserleitungen aber nicht spülen könne. Obendrein regten sich in Großbritannien auch zunehmend die Arbeiterschichten darüber auf, bei der Verteilung des Wohlstands, den sie im letzten Jahrhundert ja immerhin erwirtschaftet hatten, nicht unbedingt berücksichtigt worden zu sein. Undankbares Pack! Da erwartet man mal siebzig, achtzig Jahre lang, ein bisschen für das Empire zu schuften und bis zum frühen Tod in den Minen des Landes zu ackern, und was geben sie zurück? Nichts! Aufstände, Streiks und wer weiß: vielleicht gar Revolution. Man konnte sich in Good Old England wirklich auf gar nichts mehr verlassen! Bei so viel Undankbarkeit war es kein Zufall, dass genau in diesen frühen Jahren des 20. Jahrhunderts die britische Labour-Partei es zum ersten Mal ins Parlament in Westminster schaffte. Das muss die alten Aristokraten, die dort herumsaßen, ordentlich verstört haben.

Für die arbeitenden Menschen auf der Insel war diese Entwicklung mit Sicherheit von Vorteil. Beim Wettrüsten mit Deutschland halfen Probleme solcher Art aber wenig. Alles und jedes musste in Großbritannien im Parlament diskutiert werden. Jede Anschaffung neuer Dreadnought-Schlachtschiffe wurde heiß debattiert, und ständig hatten die Politiker die wütende Arbeiterschicht im Nacken, die mit Arbeitsniederlegung in den Werften drohte. Was bringen einem die besten Schlachtschiffe der Welt, wenn die Werftarbeiter sich schlicht weigern, sie zu bauen? Der Kaiser in Deutschland hatte es da einfacher. Er konnte einfach befehlen, die schwimmenden Panzer zusammenzuzimmern. Dort hatten die Arbeiter nichts zu melden, und im Zweifelsfall schickte er die Armee, um sie freundlich zu überreden. Das, liebe Briten, hat man eben davon, wenn man die Demokratie erfindet.

„Great War"? Klingt doch großartig!

Im Grunde waren das alles Kleinigkeiten, Nebensächlichkeiten. Was in den Werften und Fabriken Englands passierte, war im großen Zusammenhang der Dinge irrelevant. Denn England, das war doch schon lange nicht mehr das Herz des britischen Staats. London hatte das britische Empire, und das dominierte nach wie vor die Meere und damit die Welt! Zumindest hätten sich viele britische Politiker das gewünscht. In Wirklichkeit sah es auch an der Front zunehmend trist aus. Um die Jahrhundertwende herum war das Empire in einen nervenaufreibenden Krieg in Südafrika verwickelt. In diesem Burenkrieg versuchte Großbritannien, die niederländischstämmigen Buren, die im Norden Südafrikas unabhängige Staaten errichtet hatten, zu unterwerfen. Ein typischer Kolonialkrieg also, nur dass man zur Abwechslung mal nicht gegen irgendein indigenes Volk, sondern gegen andere Kolonialisten vorging. Großbritannien ging dabei kein Risiko ein. Gegen die gut 80.000 Mann, die die Buren unter Waffen hatten, entsandte London gleich 450.000 Soldaten! Und die kamen wirklich von überall her: England, Australien, Neuseeland, Kanada … Man sollte denken, das Problem wäre mit dieser Übermacht nach ein paar Wochen gelöst worden. Stattdessen dauerte der Konflikt fast drei Jahre, und es starben dabei viermal so viele britische Soldaten wie Buren. So viel zur Militärmacht des Empires. Ganz nebenbei diskreditierte die britische Führung sich mit diesem Krieg auch noch vor der Weltöffentlichkeit, indem sie die ersten Konzentrationslager der Geschichte baute und gefangengenommene Buren dort unter furchtbaren Bedingungen leben (oder eher sterben) ließ. Genau so etwas erwartet man sich von der größten Militärmacht der Welt! Andererseits müssen wir die Buren jetzt auch nicht als die großen Opfer darstellen. Immerhin waren sie es, die etwas später die Apartheit Südafrikas aufbauten.

Infolge solch glänzender Militärerfolge musste irgendwann sogar London einsehen, dass es nicht besonders gut lief, und kurz danach endgültig seine Politik der Splendid Isolation aufgeben. Es war offensichtlich nicht mehr realistisch, in Europa bündnisfrei zu bleiben und einfach nur von der Ferne aus die Lage zu kontrollieren. Das war doch immerhin eine realistische Einschätzung, für die die britischen Politiker jener Zeit sonst nicht sonderlich berühmt sind. Wenn man es nicht mal schafft, ein paar bekiffte Holländer aus den Bergen Südafrikas zu vertreiben, wie sollte man auch allein gegen das Deutsche Reich bestehen? Schön, dass diese Erkenntnis auch in London allmählich durchsickerte. Das britische Establishment überlegte sich also, welcher Partner sie beim möglichen Kampf gegen Deutschland am effektivsten unterstützen könnte, und kam zu einer klaren Antwort. Großbritannien schloss ein mächtiges Militärbündnis mit … Japan! Ja, Japan. Eine Insel am anderen Ende der Welt. Das leicht Unzulängliche an diesem Plan bemerkten die Briten wohl bald selbst und warfen sich 1904 auch noch mit Frankreich auf einen Haufen. Das schien nun doch etwas nützlicher. Die „Entente Cordiale" war damit geboren. Später schloss sich auch noch Russland dem Bündnis an. Den Rest der Geschichte können Sie sicher schon erahnen.

Bis Weihnachten sind wir wieder daheim …

Über die Gründe für den Ersten Weltkrieg und seine Notwendigkeit oder gar Unausweichlichkeit kann man lange streiten. Das hat man in der Vergangenheit auch getan und tut es immer noch. Zugegeben, es ist ja ein recht interessantes Detail der Geschichte. Die größte

Begeisterung scheint bei „Was wäre wenn"-Fragen aufzukommen, dabei haben die am allerwenigsten Wert und sind sowieso nicht zu beantworten. Letzten Endes ist eines aber ganz klar: Der letzte europäische Krieg war inzwischen fünfzig Jahre her und die Militärtechnik hatte sich in der Zeit radikal weiterentwickelt. Vielen Verantwortlichen in Europa war wohl wirklich nicht klar, was diese technischen Neuerungen für den modernen Krieg bedeuteten, und viele glaubten ernsthaft an die geflügelte Phrase „Bis Weihnachten sind wir wieder zu Hause". Das heißt aber nicht, dass es nicht auch warnende Stimmen gegeben hätte. Gerade in Großbritannien fanden die sich durchaus. Es gab überall Menschen, sowohl in der Politik als auch im Militär, die eindringlich vor diesem Krieg warnten. Ihnen ging es nicht anders, als es vernünftigen Menschen meistens geht: Sie wurden schlicht ignoriert. Die Mehrheit der britischen Bevölkerung – zumindest der Teil der Bevölkerung, der auch im frühen 20. Jahrhundert noch wirklich zählte, also die Grundbesitzer, Adeligen und wohlhabenden Bürger – war einfach kriegsgeil. Zu lange ging das Wettrüsten mit Deutschland schon vor sich hin. Viele in Großbritannien wollten den „Hunnen", wie Deutsche damals genannt wurden, ein für alle Mal zeigen, wo ihr Platz war. Dabei war der Begriff „Hunne" ausnahmsweise nicht den mangelnden Geografiekenntnissen der Inselbewohner geschuldet, sondern knüpfte an einer berühmten Rede Kaiser Wilhelms ein paar Jahre zuvor an, in der er das Heer Deutschlands mit den Hunnen verglichen hatte. Man kann über den alten Kaiser wirklich sagen, was man will, besonders umsichtig war er nicht. Wer kommt schon auf die Idee, ausgerechnet die Hunnen als Vorbild für die eigenen Truppen heranzuziehen? Wann haben Sie zuletzt etwas Gutes über die Hunnen gehört? Mit dieser Steilvorlage konnten die Briten wirksam den deutschen Feind diffamieren, ohne die eigenen begrenzten kreativen Fähigkeiten bemühen zu müssen.

Die Bevölkerung Großbritanniens war auf den Krieg mit Deutschland ohnehin gut vorbereitet. Seit Beginn des Jahrhunderts hatte es auf der Insel einen wahren Hype um militärische Romane gegeben, die eine deutsche Invasion Englands beschrieben. Zahllose fähige und weniger fähige Autoren schrieben Bücher zu dem Thema, und sogar einige Generäle des Militärs beteiligten sich daran, möglichst realistische Invasionspläne der Deutschen auszuarbeiten, die dann sogar in Tageszeitungen abgedruckt wurden. Auch der damals noch junge Winston Churchill mischte kräftig mit. Dabei war das eigentlich eine ziemlich blöde Idee – was, wenn die Deutschen diese fiktiven, aber von echten Generälen erarbeiteten Pläne einfach kopiert und gegen Großbritannien verwendet hätten? Aber wenn man so darüber nachdenkt, war das eigentlich ein super Marketingtrick. Je mehr dieser Bücher es gab, desto größer wurde die theoretische Gefahr, dass die Deutschen tatsächlich eine Invasion starteten. Angesichts dieser Gefahr verkauften sich dann wieder umso mehr Bücher. Da sage nochmal einer, im Krieg würden nur die Waffenverkäufer profitieren! Es waren schon immer wir Schreiberlinge, die insgeheim den meisten Nutzen aus Kriegen zogen!

Die britische Bevölkerung ging also, wie anderswo auf dem Kontinent auch, mit einer gesunden Ladung Enthusiasmus und ordentlicher mentaler Vorbereitung in den Ersten Weltkrieg. Aber sie hatte ja auch einigen Grund zum Optimismus. Trotz des langen Rüstungswettstreits war die deutsche Marine der britischen 1914 bei Weitem nicht gewachsen. Der damalige Erste Lord der Admiralität, wie die Briten ihren Marineminister großkopfig nannten, war besagter Winston Churchill. Und der wartete nur darauf, die Deutschen zur See vernichtend zu schlagen und somit schnell den Sieg nach Hause zu holen. Aber auch was die Landarmee anging, hatte Großbritannien einen nicht zu unterschätzenden Vorteil. Es besaß die professionellste Armee Europas, die British Expeditionary Force. Das war zwar eine kleine, aber dauerhaft einsatzbereite und hochtrainierte Armee, die den Milizsoldaten und Freiwilligen der Deutschen klar überlegen war. Blöderweise umfasste sie nur knapp über 100.000 Mann. Aber bitte: Mehr als das wird in diesem kleinen Krieg doch nicht nötig sein! Als der Krieg dann ausbrach, wurden diese Soldaten sofort nach

Frankreich verschifft, um den deutschen Vormarsch zu stoppen. Bekanntlich grub man sich an der Westfront in Schützengräben ein, und das vierjährige Gemetzel konnte seinen Lauf nehmen. Ende 1914 war von den 100.000 Mann der Expeditionary Force nicht mehr viel übrig, und neue, nun wie in Deutschland meist freiwillige Truppen wurden nachgeschickt. Zu Hause war zu diesen Weihnachten übrigens keiner von ihnen. Vielleicht war der Optimismus der Briten doch nicht ganz gerechtfertigt.

„Und was genau hat dieser türkische Felsen mit dem Krieg zu tun?"

Über die nächsten vier Jahre verschlang die in ihren Gräben versunkene Westfront eine vollkommen unvorstellbare Anzahl an Soldaten, und die Todeszahlen unter ihnen waren erschreckend. Schon 1916 musste Großbritannien zum ersten Mal in seiner Geschichte die allgemeine Wehrpflicht einführen, um den Strom an frischen Leichen, pardon: Soldaten an die Front zu gewährleisten. Generell musste das Land zu der Zeit von vielen liebgewonnenen Gewohnheiten lassen, so etwa von dem Laisser-faire-Prinzip in Wirtschaft und Politik. Der Staat wurde größer und griff immer mehr in das Leben der Bevölkerung ein, um den Krieg aufrechtzuerhalten. Sogar die Öffnungszeiten für die Pubs des Landes wurden erstmals eingeschränkt. Man vergaß wohl, das nach Kriegsende wieder rückgängig zu machen, weshalb die Pubs Großbritanniens heute zu so lächerlich frühen Zeiten schließen. Zur großen Marineschlacht, die sich Churchill so sehr gewünscht hatte, kam es dagegen nie. Großbritannien konnte seine Kontrolle der Meere den gesamten Krieg über halten und Deutschland mit einem Handelsembargo belegen. Ansonsten war die Marine nicht übermäßig nützlich.

Winston Churchill ließ sich dafür aus Langeweile schon bald etwas ganz Besonderes einfallen, um der Marine im Krieg etwas mehr

Bedeutung zu geben. Er plante, die türkische Halbinsel Gallipoli vom Mittelmeer aus einzunehmen, um von dort aus auf Istanbul vorzurücken und das Osmanische Reich aus dem Krieg zu schmeißen. Von Anfang 1915 an versuchte er dies gemeinsam mit Frankreich und einer Menge an Truppen aus Australien und Neuseeland. Ein Jahr lang dauerte das Ganze; am Ende standen 50.000 tote, 130.000 verwundete und zahlreiche für ihr restliches Leben geschädigte Soldaten. Istanbul hat keiner von ihnen je zu Gesicht bekommen. Das war wohl der Moment, als es den Menschen in Australien und Neuseeland langsam dämmerte, dass ihre Zugehörigkeit zum Britischen Empire nicht nur Vorteile bot. Was hatten sie mit irgendeiner Halbinsel vor den Dardanellen am Hut? Zumindest freut sich der türkische Tourismusverband heute darüber, denn noch immer ziehen australische und neuseeländische Touristen Jahr für Jahr nach Gallipoli, um sich die Friedhöfe ihrer Vorfahren anzusehen. Von London nehmen sie dagegen schon lange keine Befehle mehr entgegen.

Trotz miserabler Aktionen wie dieser und insgesamt über 800.000 Toten auf britischer Seite gewann Großbritannien den Weltkrieg Ende 1918 bekanntlich doch noch. Das Embargo deutscher Häfen hatte über lange Sicht seine Wirkung gezeigt, und irgendwann brachen Deutschland und seine Westfront zusammen. Damit ging es dem Deutschen Reich aber immer noch besser als den meisten seiner Verbündeten. Österreich-Ungarn und das Osmanische Reich überlebten den Krieg nicht, wenngleich Letzteres unter Sultan Erdoğan vielleicht bald schon ein Revival feiern könnte und auch Kurz und Orban sich zu verstehen scheinen – Österreich und Ungarn stehen sich heute politisch doch um einiges näher, als dies lange Zeit der Fall gewesen war. Großbritannien sieht sich hingegen mit Brexit, Nordirland und schottischen Wünschen nach Unabhängigkeit vor der Zerreisprobe. Wer weiß: Vielleicht gewinnen wir den Ersten Weltkrieg nach hundert Jahren doch noch.

Irland, immer ausgerechnet Irland

Mit den ersten Auflösungserscheinungen hatte das britische Empire aber schon vor hundert Jahren zu kämpfen. Es war nicht gerade so, als wäre der Weltkrieg in den 1910er-Jahren das einzige Problem der Regierung in London gewesen. Vielmehr begehrte zu der Zeit die älteste Kolonie des Landes wieder mal auf: Irland. Um das zu verstehen, müssen wir kurz in die Vergangenheit blicken. Die grüne Insel war für Großbritannien etwas ganz Besonderes. Seit Jahrhunderten waren die Engländer dort zwar die bestimmende Macht, im Gegensatz zu Wales und später Schottland wurde Irland aber lange Zeit nicht in den britischen Staat eingegliedert. Das hatte einen ganz einfachen Grund: In Irland waren die meisten Menschen katholisch. Zumindest im Süden – auch das ein Thema, von dem wir eventuell noch hören werden. Und dass die Engländer das ein oder andere Problemchen mit dem Katholizismus haben, dürfte im Laufe dieses Buches schon bemerkt worden sein. So wurde Irland erst im Jahr 1800 zum offiziellen Bestandteil des Staates, der nun „Vereinigtes Königreich von Großbritannien und Irland" hieß. Das war gute sechshundert Jahre nach der Kolonisierung des Landes. Mitte des 19. Jahrhunderts wurden Katholiken dann großzügigerweise sogar wieder politische Rechte gewährt.

Trotzdem – oder gerade deshalb – brodelte es in Irland durchgehend. Seit 1800 konnten die wohlhabenden Klassen der Insel nun zwar wählen und damit Abgeordnete nach London entsenden, das genügte ihnen aber zum Zeitpunkt des Ersten Weltkriegs schon lange nicht mehr. Einen letzten Höhepunkt hatte die Unzufriedenheit in Irland während der Potato Famine der späten 1840er-Jahre erreicht, als eine Million Iren den Hungertod starben und nochmal zwei Millionen auswanderten. Die Regierung in London zuckte mit den Schultern und unterhielt sich weiter über Kornzölle. Man kann sich ja nicht um alles kümmern! Sowas gibt es auch heute noch, aber zumindest hat Donald Trump, wenn er Puerto Rico nach einem Hurricane eiskalt im Stich lässt, eine Ausrede parat: Es ist ja eine Insel. In einem Ozean. Einem großen Ozean! Ich weiß nicht, ob die Engländer diese Ausrede 1840 auch schon verwendet haben …

Jedenfalls ist es kein Wunder, dass die Iren unter diesen Umständen immer weniger Lust auf diesen Staat hatten. Die Jahrzehnte nach der Hungersnot waren durchgehend von der sogenannten „Home Rule"-Debatte dominiert. Viele Iren, aber auch immer mehr liberale Politiker in Großbritannien wollten ein eigenes Parlament in Dublin schaffen, das Irland im Rahmen des gemeinsamen britischen Staates selbstständig regieren konnte. Vor 1914 schien diesem Plan sogar kurze Zeit Erfolg beschieden. Dann kam der Krieg dazwischen, und wir wissen ja, wie das mit Kriegen so ist. Es gibt für einen Herrscher eben nichts Besseres als eine kleine militärische Auseinandersetzung, um die Bevölkerung mit ein bisschen Patriotismus zu füllen und von anderen Problemen – wie eben in dem Fall Irland – abzulenken.

Wenig überraschend funktionierte das mit dem Patriotismus und dem Ablenken in Irland selbst weniger als im Rest des Staates. Was für einen Patriotismus hätten sie denn dort auch wecken sollen? Der britische Staat kam bei den Iren eher mittelgut an. Die Einführung der allgemeinen Wehrpflicht 1916 setzte dem Ganzen aber die Krone auf. Da wurde von den Iren, die ja gerade wieder mal vom Home-Rule-Prozess enttäuscht worden waren, auch noch erwartet, für Großbritannien in diesem elenden Weltkrieg zu ziehen und irgendwo in Flandern zu sterben. Verständlich, dass die Iren wenig Lust darauf hatten. 1916 kam es schließlich zum berühmten Osteraufstand, in dem bewaffnete irische Republikaner wichtige Gebäude in Dublin besetzten und eine Republik ausriefen. Der Aufstand wurde von der britischen Armee brutal niedergeschlagen und seine Anführer wurden kurz darauf hingerichtet. Den Rest der Beteiligten sperrte man in Lager, wo sie sich dann erst so richtig radikalisierten und organisierten. Die Briten konnten es nicht wissen, aber damit war es um ihre älteste Kolonie, Irland, eigentlich geschehen. Direkt nach dem

Weltkrieg folgte ein irischer Unabhängigkeitskrieg, und 1922 musste London die De-facto-Unabhängigkeit des Irischen Freistaats anerkennen. Davor gab es 1920 doch noch ein Home-Rule-Gesetz. Indem es das Land darin offiziell in Nord- und Südirland teilte, schuf Großbritannien, wie wir alle wissen, die besten Voraussetzungen für eine friedliche Zukunft.

Aber zumindest das deutsche Problem ist ein für alle Mal gelöst!

Ein anderes europäisches Problem, von dem man nach dem Ersten Weltkrieg nie mehr etwas gehört hat, ist Deutschland. Der 1919 unterschriebene Friedensvertrag von Versailles beendete den Weltkrieg unter für Deutschland verheerenden Bedingungen. Das hatte vor allem damit zu tun, dass Frankreich als alter Erzfeind und nach vier Jahren Krieg auf eigenem Boden einen möglichst harten Friedensvertrag forderte. Großbritannien war an einer solchen Bestrafung weniger interessiert. Auf der Insel hatten sie immer noch nicht aus den Fehlern der Vergangenheit gelernt, und die vorherrschende Idee war weiterhin die alte Balance of Powers. Man fragt sich manchmal wirklich, wie oft dieses Land frontal mit dem Kopf gegen die Wand laufen muss, bis es merkt, dass die Wand aus Stein ist …

Für London hätte es 1919 jedenfalls genügt, Deutschland seine Kolonien wegzunehmen und Reparationszahlungen für die britischen Kriegskosten zu vereinbaren. Ganz uneigennützige Forderungen, wie man sieht. Ein gar zu schwaches Deutschland brachte hingegen das heilige Gleichgewicht der Mächte durcheinander. Letzten Endes setzte sich in den Verhandlungen jedoch Frankreich durch, wohl auch, weil den Briten die Sache einfach nicht wichtig genug war. Es war doch nur der europäische Kontinent! Die sollen das unter sich ausmachen, was soll da schon Schlimmes herauskommen? Somit wurde Deutschland also die alleinige Schuld am Krieg zugeschrieben, Frankreich besetzte Elsass-Lothringen, im Osten ging ein riesiges Stück des alten Staatsgebiet an das wiederentstandene Polen, Danzig wurde unter Verwaltung des neuen Völkerbunds, den Vorläufer der UNO, gestellt, alle Kolonien waren sowieso futsch, und das Rheinland besetzte man auch noch „provisorisch". Eine richtige Armee durfte Deutschland fortan natürlich nicht mehr haben, und das Land hatte für enorme Reparationszahlungen aufzukommen. Ein wunderbarer Friedensschluss für alle Beteiligten. Wie sollte man da auch ahnen, dass es fünfzehn Jahre später nochmal Probleme damit geben könnte? Hier zeichnete sich übrigens ein kleiner Trend ab, der sich 1945 wiederholen sollte: Österreich, also der Nachfolger des Habsburgerreiches, wurde im Vertrag von St. Germain zwar ähnlich hart bestraft wie Deutschland, zahlte aber seine Reparationszahlungen nie. Offensichtlich musste das Land dafür keine großen Konsequenzen fürchten. Nach dem Zweiten Weltkrieg war Österreich dann plötzlich das „erste Opfer des Nationalsozialismus". Sollten Sie also Verantwortungsgefühl suchen, versuchen Sie es lieber nicht in Wien.

Strong and stable

In der großen Siegernation Großbritannien lief es in der Zwischenzeit nicht viel besser als auf dem zerstörten Kontinent. Nach Ende des Krieges war Irland endgültig verloren. Das großköpfige britische Establishment wusste es zwar noch nicht, aber damit war das Ende des gesamten Empires eingeleitet. Auch politisch brachte das Kriegsende massive Veränderungen mit sich, wenn auch keine sonderlichen Verbesserungen. Inzwischen konnte man die britischen Arbeiter beim besten Willen nicht mehr ignorieren. Das war für Großbritannien naturgemäß eine schlechte Nachricht. Probleme einfach zu ignorieren, bis sie sich von selbst lösen, das war doch seit Jahrhunderten die präferierte Strategie im Land und hatte bisher auch immer wunderbar funktioniert! Ob nun bei den Katholiken, der Macht des Adels oder Deutschland … Na gut, vielleicht hat es doch nicht immer so ganz funktioniert.

Für das politische Establishment war die Stärkung der Arbeiterklasse und damit der Labour-Partei in den 1920ern jedenfalls ein Problem. Vor allem die liberale Partei traf es ziemlich hart. Über große Teile des 19. Jahrhunderts und während des Weltkriegs waren sie die bestimmende Partei im Land gewesen, jetzt liefen sie plötzlich Gefahr, zwischen den Arbeitern und Bürgern zerrieben zu werden. Keiner konnte ahnen, dass die Identifikation als Mitglied der Bourgeoisie oder des Proletariats auf einmal so wichtig werden würde. Wichtiger als die Identifikation als … Wofür standen die Liberalen nun wieder?

Der Wandel in der Parteienlandschaft war unaufhaltbar. Schon 1924 stellte die Labour-Partei zum ersten Mal in der Geschichte Großbritanniens die Regierung. Zwar war es nur eine von den Liberalen unterstützte Minderheitsregierung, aber der Trend war doch klar erkennbar. Das Dilemma für die anderen Parteien war recht einfach: Die Tendenz zur Demokratisierung verlangte nach der schrittweisen Ausweitung des Wahlrechts. Doch je stärker die unteren Schichten in den politischen Prozess einbezogen wurden, desto stärker wurde die Labour-Partei. Dass dies dann auch geschah, bedeutet freilich nicht, dass die sozialen Probleme im Land einfach verschwunden wären. Die Arbeiter durften jetzt zwar wählen, mussten aber immer noch Tag für Tag ihren miserablen und gesundheitsschädigenden Berufen nachgehen, um den Fabrikbesitzern guten Profit einzubringen. Und in solchen Dingen waren die Briten schon immer resolut. Man konnte sich doch nicht einfach das Recht auf Profite wegen der Arbeiterschaft mit ihren eigenartigen Forderungen und Vorstellungen wegnehmen lassen. Immerhin war dieses Recht das Fundament Großbritanniens, nein, des gesamten Empires! Als dann 1926 zum Generalstreik gerufen wurde, erließ man einfach ein Verbot und verfolgte die Streikführer. Ein wirklich zurückhaltend-britischer Weg, mit seinen Problemen umzugehen …

Zumindest wurde Großbritannien nicht so hart wie Deutschland oder die USA von der Weltwirtschaftskrise 1929 getroffen. Die dank der Importe aus dem Empire relativ unabhängige Wirtschaft schien sich doch bezahlt zu machen. Während in Deutschland schubkarrenweise Geldscheine durch die Gegend gezerrt wurden, um damit einen Laib Brot zu kaufen, und in den USA die Eindollarjobs aus dem Boden sprießten, blieb die britische Wirtschaft in den frühen Dreißigerjahren einigermaßen stabil. Naja, abgesehen vom ständigen Abwärtstrend natürlich, an den man sich nach dreißig Jahren ohnehin schon gewöhnt hatte. Aber das musste man nicht so ernst sehen. Schauen Sie sich doch nur mal die deutschen Schubkarren an! Süß sind sie, diese Deutschen.

Mit dem eigenen Bedeutungsverlust ging es trotz allem rapide weiter. 1931 musste die britische Regierung das Empire „reformieren", um den diversen Forderungen aus allen Ecken und Enden der Welt gerecht zu werden. Dabei ging es vor allem um Australien, Neuseeland und Kanada; besonders die beiden Erstgenannten hatten nach Gallipoli keine Lust mehr auf dieses Empire. Ignorieren konnte man in London auf Dauer nicht, wenn die Bewohner des eigenen Empires unzufrieden waren – zumindest dann nicht, wenn sie weiß waren. Die anderen weißen Ex-Untertanen der britischen Monarchie, die USA, überholten derweil in den 1920er-Jahren endgültig ihre alten Herren. Es wurde in der Zwischenkriegszeit offensichtlich, dass die größte Wirtschaftsmacht der Welt nicht mehr in Europa zu finden war. Bald schon übernahm der US-Dollar die Rolle des Britischen Pfunds als Weltwährung, und spätestens nach dem Zweiten Weltkrieg war Washington nicht nur das wirtschaftliche, sondern auch das politische und militärische Zentrum der westlichen Welt. Und London? Da gibt es immer noch ganz gute Fish and Chips, hört man.

Gebt den Hunnen doch einen Happen

Wie reagierten die Bevölkerung und vor allem die Politiker in Großbritannien auf den offensichtlichen Bedeutungsverlust der Zwischenkriegszeit? Nun, die Briten gingen damit um, wie sie mit allem umgingen: Sie ignorierten es. Das Problem wird sich schon von selber lösen! Dieser Logik folgend änderte sich nichts an der britischen Außenpolitik. Das oberste Ziel war nach wie vor die Bewahrung der Balance of Powers in Europa. Gut, Deutschland wurde im Vertrag von Versailles vollkommen entmachtet, Österreich-Ungarn zerfiel in seine Einzelteile, dem Osmanischen Reich ging es nicht anders, und Russland wurde überhaupt aufgelöst und ging in der Sowjetunion auf. Dass da die alte Balance vielleicht doch ein klein wenig aus dem Gleichgewicht gekommen sein könnte, hätten die britischen Politiker zumindest in Erwägung ziehen können. Vielleicht taten sie das auch, aber sie sahen wohl einfach keine bessere Alternative. Zu sehr hatten sie den alten Lauf der Dinge liebgewonnen, eine Bequemlichkeit, die in der Geschichte übrigens noch nie jemandem genutzt hat.

Diese Gleichgewichtsobsession führte Großbritannien schnell in eine neue Zwickmühle. Frankreich war in der Zwischenkriegszeit ganz anderer Meinung, was die Rolle Deutschlands betraf. Die Franzosen taten alles, um den bösen Nachbarn möglichst klein zu halten. Und das meinten sie durchaus wörtlich: Fünf Jahre nach Kriegsende marschierte Frankreich einfach mal dir nichts, mir nichts im Ruhrgebiet ein und besetzte es, weil Deutschland mit den Reparationszahlungen im Rückstand war. Großbritannien sah diese Entwicklung nur äußerst ungern. Auch wenn es heute geradezu absurd klingt: Zu der Zeit hätte Frankreich erneut zur bestimmenden Macht in Europa werden können. Alliierte hin oder her, das wollte die Führung in London dann auch wieder nicht. Ein gar zu mächtiges Frankreich war den Briten genauso wenig recht wie ein allzu mächtiges Deutschland.

Wirklich problematisch wurde die Lage aber erst mit der Machtübernahme der Nationalsozialisten in Deutschland 1933. Die briti-

sche Regierung hoffte zunächst auf eine Wiederherstellung des europäischen Gleichgewichts und ein Ende der französischen Dominanz.
Heute klingt das wie eine auffallend dumme Idee, und das war es
wahrscheinlich auch damals schon. Wie auch immer, sie konnten es
wohl nicht wirklich wissen. So erklärt sich die folgende Appease-
ment-Politik Hitler gegenüber. Dem damaligen britischen Premierminister Chamberlain wirft man bis heute vor, den Nazis zu viel
durchgehen gelassen zu haben. Aber hatte er eine andere Wahl? Er
musste, um Deutschland im Spiel der Mächte zu halten und einem
Krieg zu entgehen, die Okkupation des entmilitarisierten Rheinlands
hinnehmen. Und den Anschluss Österreichs ans Deutsche Reich.
Und die Zerschlagung der Tschechoslowakei ... Na ja, vielleicht hatte
er doch eine andere Wahl.

Irgendwann versuchten die Politiker in Großbritannien dann doch
noch, Deutschland seine Grenzen aufzuzeigen, und schworen, Polen
im Fall eines deutschen Angriffs zur Seite zu stehen. „Das wird es
diesem Herrn Hitler mal richtig zeigen! Der traut sich doch nie, sich
einfach so mit dem mächtigen britischen Empire anzulegen!", dachte
man sich noch im Sommer 1939 und strich sich selbstgerecht durch
den sorgfältig gepflegten Schnurrbart. Am ersten September marschierte Hitler in Polen ein beziehungsweise schoss, wie er beteuerte,
nur zurück: mit Panzern, Bomberflugzeugen und Infanteriedivisio-
nen, bis die Soldaten vor Warschau standen. Interessanterweise schos-
sen die Sowjets von der anderen Seite auch plötzlich zurück, und
schon war Polen wieder von der Landkarte verschwunden. Sowas
aber auch! Großbritannien blieb seinem Wort ausnahmsweise treu
und erklärte Nazi-Deutschland zwei Tage später den Krieg. Gut zwanzig Jahre nach Ende des Ersten Weltkriegs lag Europa also schon wieder im militärischen Konflikt. Die Fronten hatten sich kaum verändert. Hatte sich also mächtig gelohnt, das Ganze.

Und wie lange soll's diesmal dauern? Ostern?

In London dachten sich viele, der neue Krieg dürfte sich ähnlich entwickeln wie der letzte. Ladida, die Deutschen schicken Truppen Richtung Frankreich. Ladidu, wir schicken unsere Expeditionary Force und graben uns in Nordfrankreich ein. Ladido, nach vier Jährchen gehen wir wieder siegreich nach Hause. Blöderweise hatten sie dabei die neuen Panzer vergessen. Und die Flugzeuge. Und den Kampfeswillen der Nazis. Von all dem hatte Deutschland nämlich genug, um in ihrem Blitzkrieg so schnell bis Paris vorzudringen und Frankreich aus dem Krieg zu werfen, dass die Briten nur staunend danebenstehen und sich Sorgen machen konnten. Die stolze britische Expeditionary Force durfte währenddessen in einer atemberaubenden Aktion von so ziemlich allen Fischerbooten Südenglands aus dem belgischen Dünkirchen (besser bekannt als Dunkirk) evakuiert werden, nachdem sie dort eingekesselt worden war. Hätte besser laufen können, der Kriegsbeginn.

Schon nach ein paar Monaten fand sich Großbritannien im Sommer 1940 somit allein gegen Deutschland wieder. Kein Verbündeter auf weiter Flur. Es sagt viel über die Arroganz der Briten, dass trotz alledem laut einer Umfrage nur ganze drei Prozent des Landes ernsthaft dachten, Großbritannien könne den Krieg verlieren. Dass das Appeasement nicht die brillanteste aller Ideen gewesen war, hatte man inzwischen aber auch in London verstanden und Chamberlain aus dem Amt gejagt. Kriegspremier wurde Winston Churchill. Vielleicht bringt er diesmal mehr zustande als in Gallipoli, werden sich die Leute gedacht haben.

Im Herbst 1940 begann Nazi-Deutschland dann mit dem Versuch, Großbritannien ein für alle Mal in die Knie zu zwingen. Eine echte Invasion schien aber immer noch nicht erfolgversprechend. Anscheinend hatten die Deutschen die britischen Romane der 1900er-Jahre immer noch nicht gefunden. Also beließen sie es bei einem Luftkrieg. Das war geradezu revolutionär. Im Ersten Weltkrieg gab es zwar auch schon Flugzeuge, die waren aber unzuverlässig und wacklig und kämpften in erster Linie gegeneinander. Jetzt konnten die deutschen Flieger ohne Probleme London erreichen und dort und anderswo im Land Bomben abwerfen! Monatelang wütete diese Luftschlacht um England. Im Englischen kennt man die Zeit schlicht als „the Blitz". Irgendwann wurde es Hitler dann aber doch zu blöd, und er gab auf. „Sollen die Briten doch machen, was sie wollen! Ich mag nicht mehr!" Das Temperament eines Kleinkindes ...

Seine Ungeduld war dann auch generell der größte taktische Fehler Hitlers. Als er Mitte 1941 beschloss, England in Ruhe zu lassen und stattdessen in die – eigentlich ja mit ihm verbündete – Sowjetunion einzumarschieren, bedeutete das den Beginn vom Ende seines schönen Krieges. Ein Jahr später verloren die deutschen Truppen spektakulär bei Stalingrad und mussten den Rückzug im Osten antreten. Im Westen war der andere Feind, Großbritannien, unterdessen immer noch auf den Beinen und bereit, endlich zurückzuschlagen. Die Amerikaner waren inzwischen auch wieder mit an Bord, und damit war die Sache für Deutschland eigentlich gegessen.

Der Zweite Weltkrieg endete ganz ähnlich wie der Erste. Deutschland wurde erneut geschlagen, die Sieger waren Großbritannien, die USA und Frankreich. Ach ja, und die Sowjetunion. Aber das sollte in Zukunft keine größeren Probleme bereiten, der kapitalistische Westen und der kommunistische Osten würden sich sicher wunderbar vertragen. Für Großbritannien war es aber auch dieses Mal ein bitterer Sieg. Das Land war 1945 vollkommen am Boden, die Dominanz der USA trat noch deutlicher zutage, und mit der erstarkten Sowjetunion tat sich der Kalte Krieg allmählich auf. Aber Großbritannien wäre nicht Großbritannien, hätte es das einfach so eingesehen! Nein, dazu benötigte das Land schon noch ein paar Jahrzehnte. Wobei: Eigentlich haben sie es bis heute nicht gelernt.

Kapitel 9

„Das lief ja nicht so rund".
Was die Briten nach Europa zwang

Wir schreiben das Jahr 1945. Das Vereinigte Königreich von Großbritannien und Nordirland geht als triumphaler Sieger aus dem Zweiten Weltkrieg hervor. Jahrelang hatte sich das Land alleine der deutschen Übermacht entgegengestellt, nachdem Frankreich gefallen und
kein Verbündeter weit und breit mehr in Sicht war. Wochenlang bom-
bardierte Hitler die britische Hauptstadt, um das Land in die Knie zu
zwingen, doch jetzt, nach sechs Jahren totalem Krieg, ist es Deutschland, das in Schutt und Asche liegt. Großbritannien dagegen steht –
stolz und stark. Der Kriegspremier Winston Churchill hat wirklich
Großartiges geleistet. Er führte sein Land durch seine härteste Bewäh-
rungsprobe hin zu einem neuen nationalen Triumph. Mit Selbstver-
trauen rief er daher ein paar Monate nach Kriegsende die erste britische Parlamentswahl nach fast zehn Jahren aus und … wurde
abgewählt. Moment mal. Abgewählt?! Da stellt sich der Mann, der
die Briten vor der nationalen Vernichtung bewahrt hat, zur Wahl, und
anstatt Dankbarkeit zu zeigen, läuft die Bevölkerung über zu irgendeinem Sozi? Undankbares Pack! So kam es also, dass im Juli 1945 die
Labour-Partei unter Clement Attlee plötzlich den Premierminister
stellte. Wer hätte damit gerechnet? Die Labour-Partei offensichtlich
nicht.

Aber das Land war nicht nur undankbar, es war auch vollkommen am Boden zerstört. So ein sechsjähriger Krieg verbrennt schließlich nicht nur das Leben von Soldaten und Zivilisten, er ist auch ver-
dammt teuer. Der Zustand der britischen Wirtschaft ließ sich bei
Kriegsende fast nur mit dem der Frauenkirche in Dresden verglei-
chen. Die Regierung hatte sich schon während des Krieges lediglich

mit den großzügigen Darlehen aus den USA über Wasser halten können, und nun kam auch noch die finanzielle Herausforderung des
Wiederaufbaus hinzu. Und der Regierung – ob nun Labour oder
Tory – blieb für diesen Wiederaufbau nicht viel Zeit. Man hatte ja
schließlich den Krieg gewonnen! Die Leute wollten entsprechend
auch ein baldiges Ende der Rationierung sehen. Als großer Kriegssieger möchten sie schließlich, wenn es irgendwie geht, auch etwas
mehr als ein Kilo Brot auf einmal kaufen können. Diese Erwartung
war wohl der Hauptgrund, warum Churchill in den Wahlen 1945
verlor. Der Labour-Partei unter Attlee wurde in diesem Bereich mehr
zugetraut. Den ganzen Krieg über hatte die Partei ja alles Mögliche
in Aussicht gestellt: ein Wohnungsbauprogramm, Mindestlöhne,
Stärkung der Gewerkschaften, ein staatliches Gesundheitssystem.
Ganz viele tolle Ideen. Wie toll die sich umsetzen ließen nach 1945
in Zeiten von Wirtschaftskrise und wenig Geld, ist eine andere Frage.
Versprochen ist aber nun mal versprochen. Hätten sie im Krieg nicht
so den Mund aufgerissen – typisch Sozis.

Zum Glück hatte die neue Labour-Regierung eine ganz einfache
Lösung für all ihre Probleme parat: Man konnte den Wiederaufbau
ganz schnell und unkompliziert voranbringen und die Rationierung
bald beenden, indem man einfach weiterhin Geld von den Amis auslieh und alles auf Pump finanzierte. Was sollte da schon schiefgehen?
So fing die Nachkriegszeit in Großbritannien vielversprechend an.
Die Regierung häufte weitere Schulden auf, und der groß angelegte
Marshall-Plan, der das Land in weitere Abhängigkeit von Amerika
bringen würde, war auch schon am Horizont zu erkennen. Aber auf
der Insel brauchte niemand Angst davor zu haben, tatsächlich von
der eigenen Ex-Kolonie abhängig zu werden. Das war für Großbritannien keine reale Gefahr, die Briten waren doch die Weltmacht
Nummer eins! Sie waren ein Empire, das ein Viertel der Welt umfasste!
Oder nicht?

„Ja, dann geht doch! Wir brauchen euch eh nicht!"

Was den Briten damals jemand hätte sagen sollen, war, dass die Sache mit dem Empire nicht mehr so recht lief. Die Zeiten hatten sich geändert. Es war nicht mehr so einfach wie im 19. Jahrhundert, diese Besitztümer zusammenzuhalten. An allen Ecken des Imperiums häuften sich schon seit Jahrzehnten die Probleme, und nun, am Ende des Weltkriegs, kochten die alten Streitereien allerorts wieder hoch. Insbesondere Indien war ja schon seit Langem auf Konfrontationskurs mit der Kolonialmacht. Schon 1930 war ein gewisser Herr Mahatma Gandhi mit breiter Unterstützung aus dem Volk quer durch Indien gezogen, um gegen das britische Salzmonopol zu demonstrieren und selbst Salz aus dem Ozean zu schöpfen. Dabei ging es um mehr als nur ein bisschen frisches Salz. Es ging letzten Endes darum, Unterstützung für die Unabhängigkeit Indiens zu sammeln – was ja auch wunderbar funktionierte. Nach 1945 war der Wunsch auf indische Unabhängigkeit auch in London nicht mehr zu ignorieren.

Anderswo im Empire lief die Sache für die Briten nicht viel besser. Australien und Neuseeland hatten ja schon seit dem Ersten Weltkrieg die Nase voll, nachdem sie zum massenhaften Sterben in die Hölle von Gallipoli geschickt worden waren. Verübeln konnte man ihnen das nicht. Wenigstens gingen die beiden und auch andere Kolonien, etwa Kanada, den höflichen Weg aus der britischen Abhängigkeit. Diesen sogenannten „Dominions", eine nette Umschreibung für die weißen Kolonien Großbritanniens, bot London die Unabhängigkeit im Rahmen des britischen Commonwealth schon Anfang der 1930er an. Sie blieben danach zwar noch längere Zeit offiziell beim Empire, ignorierten dieses Faktum aber zunehmend und regierten sich irgendwann einfach selbst. Heute geht die Loyalität Australiens, Neuseelands oder Kanadas dem „Mutterstaat" Großbritannien gegenüber nicht viel über die Anerkennung der Queen als Staatsoberhaupt und die Teilnahme an den Commonwealth-Games hinaus. Wenn Sie als „Untertan der Krone" jetzt nicht gerade in der kanadischen

Notenbank arbeiten und das Gesicht der Queen ständig auf irgendwelche Banknoten drucken, hat das nominelle Staatsoberhaupt in
der Realität so gut wie keine Auswirkung auf Ihr Leben.

In Indien und anderswo war die Stimmung in den späten 1940ern
um einiges aufgeheizter als in Australien oder Kanada. Woran das
lag? Nun, wir können nur spekulieren. Vielleicht hat es damit zu tun,
dass dort weniger Weiße lebten und sie deshalb keinen Status als
„Dominion" erhielten. Aber das würde ja bedeuten, das Britische
Empire wäre rassistisch gewesen – was für eine absurde Annahme!
Als die Unabhängigkeitsbestrebungen in Indien und anderswo nach
dem Krieg wiederauftauchten, hatten die Kolonialherren aber trotz
all der Legitimität ihrer tollen Fremdherrschaft wenig Lust, dem allzu
vehement entgegenzutreten. London fürchtete wohl, schon wieder
in einen oder mehrere Kriege hineingezogen zu werden, und das
konnte sich das Land nicht leisten! Irgendwann würde schließlich
auch die Großzügigkeit der USA als Gläubiger seine Grenzen haben.

So wurde Indien 1947 „freiwillig" in die Unabhängigkeit entlas-
sen. Natürlich nicht, ohne vorher einen kleinen Gruß aus London
zu schicken und Pakistan von diesem neuen unabhängigen Indien
abzuspalten. Nur zum Spaß ließ man zwischen den beiden neuen
Staaten das Kaschmir-Gebiet liegen, damit sie sich in Zukunft richtig schön um ein paar verschneite Gipfel streiten konnten. Und zu
guter Letzt hielt man es für eine lustige Idee, das heutige Bangla-
desch als Teil Pakistans mit von Indien abzutrennen. Die beiden Lan-
desteile sind ja auch nur knapp zweitausend Kilometer voneinander
entfernt, und dazwischen befindet sich lediglich die höchste Berg-
kette der Welt. Warum also nicht?! Lasst uns mal schauen, was sie
so daraus machen, diese ulkigen Pakistanis!

Gleich im Jahr darauf, 1948, leistete sich Großbritannien den
nächsten Geniestreich und beendete sein Mandat über Palästina. Seit
Ende des Ersten Weltkriegs waren die Briten dort als „Verwaltungsmacht" tätig, was aber natürlich kein Kolonialstatus war! Die offizielle Begründung für die Anwesenheit Großbritanniens und auch

Frankreichs war, dass sie die dort lebenden Gesellschaften auf ihre Unabhängigkeit „vorbereiten" sollten. Und da unterstelle noch mal einer den Europäern böse Motive! Großbritannien hatte sich in dieser Rolle schon sehr früh selbst ins Knie geschossen. Noch während des Ersten Weltkriegs versprach die Führung in London, die Errichtung eines jüdischen Staats in Palästina zu unterstützen. Gleichzeitig erzählte sie den Arabern dasselbe, versprach also einen arabischen Staat. Nicht einen jüdischen. Das wäre wohl weniger gut angekommen … Juden aus aller Welt verließen sich in der Folgezeit auf diese britische Unterstützung und zogen in Scharen nach Palästina. Sie hatten in der Zeit ja auch reichlich gute Gründe, aus Europa zu fliehen.

Ende der 1940er-Jahre lebte in Palästina somit eine ganz stattliche Zahl jüdischer Siedler, einige schon seit ein paar Jahrzehnten, viele seit dem Zweiten Weltkrieg und dem Holocaust. Die in Palästina ansässigen Araber waren darüber weniger erfreut. Großbritannien hatte aber offensichtlich gar keine Lust, sich nun um dieses Problem zu kümmern. Zusammen mit der neu gegründeten UNO überlegte sich London nach 1945 also, wie es das Dilemma lösen könnte, und entwickelte die legendär-dämliche Zweistaatenlösung. Schauen Sie sich die geplanten „Staatsgrenzen" zwischen Palästina und Israel einmal auf einer Karte an, und Sie werden schnell verstehen, warum der Plan nie funktioniert hat. Es scheint, als hätte man von den absurden kolonialen Grenzziehungen in Afrika nichts gelernt. Nach Indien und Pakistan haben wir somit schon die zweite ehemals von Großbritannien beherrschte Weltregion, von der wir so bald sicher nichts mehr hören werden. Kaum drei Jahre nach dem Ende des Weltkriegs hatte das Britische Empire all seine Probleme also bravourös gemeistert und der halben Welt Frieden gebracht! Na ja, wenn Sie das jetzt glauben, schalten Sie vielleicht doch mal wieder die Tagesschau ein.

Der Zerfall des Britischen Empires endete 1948 aber noch lange nicht. Zeitgleich mit Israel verabschiedeten sich auch Burma und

Ceylon, die heutigen Myanmar und Sri Lanka, aus dem britischen Einflussgebiet. Mit den Jahren sprach sich dann schließlich überall auf der Welt herum, dass die Briten keine wirkliche Lust mehr hatten, ihr Weltreich zu verteidigen; zumindest konnten sie es sich nicht mehr leisten. Spulen wir nun fünfzehn, zwanzig Jahre weiter, und wir finden ein Großbritannien vor, das so gut wie keine Kolonie mehr übrig hat. Von einem Viertel der Welt zu einer kleinen Insel im Nordwesten Europas in nur zwei Jahrzehnten. Auch keine schlechte Leistung! Für Großbritannien war aber auch das kein großes Problem. Das Land mochte vielleicht keine große Kolonialmacht mehr sein, aber Kolonien waren doch ohnehin sowas von out. Selbst ohne diese nervigen Anhängsel war Großbritannien eine Weltmacht erster Güte, jetzt sogar noch mehr! Die USA und die Sowjetunion waren höchstens vorübergehende Erscheinungen, die wahre Weltmacht war und bleibt in London! Nur schien das den Briten in den Jahren des beginnenden Kalten Krieges keiner so recht zu glauben. Also war es an der Zeit, die eigene Macht mal wieder unter Beweis zu stellen!

Da verlässt man sich einmal auf die Franzosen

Ganz alleine ausbaden musste die Labour-Partei die vielen Probleme der Nachkriegszeit zum Glück nicht. Denn zur großen Erleichterung Clement Attlees und seiner Leute wurden die Sozialisten 1951 schon wieder abgewählt. Wilde sechs Jahre waren es gewesen, aber das musste nun fürs Erste reichen. Sozialistische Experimente schön und gut, jetzt aber war es wieder an der Zeit, hart durchzugreifen und die echten Probleme des Landes anzupacken. Fehlende Militärinterventionen in der Dritten Welt zum Beispiel! Und wer wäre dafür besser geeignet als unser guter alter Sir Winston Churchill? Man kann dem Mann wirklich nicht vorwerfen, schnell aufzugeben. Was er gegen Hitler schon gezeigt hatte, bewies er nach seiner Wahlschlappe 1945 erneut und blieb Chef der Konservativen. Nun, im Alter von fast achtzig, wurde er nochmal Premierminister. Respekt! Es gibt schon einen Grund, warum Churchill wiederholt zum größten Briten aller Zeiten gewählt wurde.

Wirklich revolutionieren sollte er das Land in den 1950ern dann aber doch nicht mehr. Die Wirtschaftslage hatte sich gerade erst normalisiert, die ersten Rationierungen waren abgeschafft, und die Menschen erfreuten sich dank dem National Health Service erstmals einer echten Krankenversicherung und gewisser gesundheitlicher Standards. Das konnte man ihnen nun schwer wieder wegnehmen, weshalb Churchill es auch dabei beließ und nur ein paar der kleineren Verstaatlichungen der Labour-Regierung zurücknahm. Dies immerhin gebot der konservative Anstand! Der Abstieg Großbritanniens und der Zerfall des Empires gingen unterdessen ungehindert weiter, die USA und die Sowjetunion teilten sich nach und nach die Welt auf. Die Großmacht Großbritannien schien endgültig auf dem Abstellgleis der Geschichte angekommen. Und langsam, wenn auch nur ganz langsam, sprach sich das sogar in London herum.

Churchills konservativer Nachfolger Anthony Eden witterte indes schon wenige Jahre darauf die Möglichkeit, den britischen Großmachtstatus mal wieder eindringlich unter Beweis zu stellen und ein für alle Mal klarzumachen, dass das Vereinigte Königreich mindestens in derselben Liga spielte wie die USA und die Sowjetunion. Wahrscheinlich sah Eden sich und sein Land den beiden weit überlegen. Die zwei kleinen Jungs in Washington und Moskau sollten nur ihre Spielchen spielen, den Briten war das zu niedrig. Sie strebten nach Größerem. Und um die britische Macht auch dem Rest der Welt in Erinnerung zu rufen, fasste Eden 1956 eine waghalsige Entscheidung. Zu jener Zeit tat sich nämlich in der postkolonialen Welt eine Chance auf, die er nicht ungenutzt vorübergehen lassen wollte. In Ägypten machte ein neuer Machthaber von sich hören: Gamal Abdel Nasser. Und der maßte sich tatsächlich an, Großbritannien und der Welt schon bald anständig Probleme zu bereiten. Also Zeit, einzuschreiten!

Ägypten war für das Britische Empire schon lange ein besonderer Ort gewesen. Nicht, weil es eine echte Kolonie gewesen wäre, sondern vielmehr wegen seines Suezkanals. Dieser Kanal verbindet bekanntlich das Mittelmeer mit dem Roten Meer und war für den britischen Seehandel seit seiner Erbauung von ganz zentraler Bedeutung. Es wurden alle möglichen Rohstoffe aus Britisch-Indien und von anderswo über diesen Kanal nach England gebracht. Was im 19. Jahrhundert mit Gewürzen und anderen Rohstoffen begann, war inzwischen dem Ölhandel gewichen, von dem Großbritannien wie die restliche westliche Welt zunehmend abhängig war. Ja, wir nähern uns mit großen Schritten der Gegenwart, denn wir reden hier inzwischen über den Nahen Osten, die westliche Welt und Erdöl, und das könnte dem ein oder anderen bekannt vorkommen. Doch gemach, kommen wir zur Geschichte und zum einzig wichtigen Weltreich aller Zeiten zurück.

Der Suezkanal wurde in den 1860ern gebaut, und schon damals hatte das Britische Empire seine Finger im Spiel. Es war nicht Ägypten, das den Kanal damals bauen ließ; auch der nominelle Herrscher des Landes, das Osmanische Reich, hatte damit nichts zu tun. Vielmehr wurde der Kanal von einem privaten Unternehmen, der Suezkanal-Gesellschaft, vorangetrieben. Und die saß in Paris und wurde von französischem und britischem Kapital dominiert. Der Kanal selbst lag zwar auf dem Staatsgebiet Ägyptens, wurde aber von dieser Suezkanal-Gesellschaft und seinen westlichen Investoren verwaltet und gelenkt. Dadurch sank der ägyptische Staat über die Jahre immer stärker in die wirtschaftliche Abhängigkeit von Frankreich und England, die mit ihren Anteilen am Kanal so ziemlich alles in Ägypten kontrollieren konnten. Der Kanal war bei Weitem der wichtigste Wirtschaftsfaktor im Land. Großbritannien, sich seiner Größe bewusst, reichte das aber irgendwann nicht mehr. So entschied sich London nach ein paar Jahren, einfach die Mehrheit der Aktien der Suezkanal-Gesellschaft aufzukaufen. In den 1880ern besetzten dann britische Truppen die Kanalregion und verwandelten Ägypten in ein Protektorat. Smooth …

Man hatte in London nicht unbedingt vor, allzu schnell wieder aus Ägypten abzuhauen. Im Vertrag zwischen Ägypten und der Suez-kanal-Gesellschaft war festgehalten, dass die Gesellschaft – inzwischen also de facto der britische Staat – ganze hundert Jahre lang über die Nutzung des Kanals bestimmen durfte. Das bedeutet bis 1968! Nach dem Zweiten Weltkrieg zogen sich britische Truppen dann zwar erstmal aus Ägypten zurück, nicht jedoch aus der Kanal-zone. Diesen endgültigen Abzug erzwang erst Gamal Abdel Nasser, nachdem er 1952 in einem Militärputsch die Macht in Ägypten an sich gerissen hatte. Im Juni 1956 zogen die letzten britischen Soldaten aus dem Land und vom Suezkanal ab. Das war wahrscheinlich auch besser so, wirklich leisten konnte sich Großbritannien seine Anwesenheit dort ohnehin nicht mehr. Nasser reichte der Abzug der Briten aber nicht. Immer noch gab es da diese Kanalgesellschaft, die den Schiffsverkehr kontrollierte, was ihm als gestandenem Nationalisten ein Dorn im Auge war. Also verstaatlichte er die Gesellschaft einen Monat nach dem britischen Abzug kurzerhand. Da lernt man mal wieder: Mit Despoten aus dem Nahen Osten sollte man keine Geschäfte machen. Die halten sich einfach an keine Absprachen! Obendrein unterdrücken sie auch noch ihre eigene Bevölkerung. Gut, das mag noch angehen, aber sich nicht an Absprachen halten? Das ist nicht hinnehmbar!

Und das alles für einen blöden Kanal?

Diesen Affront konnte sich die selbst ernannte Großmacht in London wirklich nicht gefallen lassen. Die britische Regierung demonstrierte 1956 also etwas, was das Land im Verlauf des 20. Jahrhunderts noch öfters beweisen sollte: Man war sich nicht zu schade für einen sinnlosen Krieg in einem weit entfernten Land. Und um die Ägypter richtig zu ärgern, beschloss die britische Regierung, nicht alleine etwas gegen Nasser und die Nationalisierung des Suezkanals zu unternehmen, sondern sich mit Frankreich zusammenzutun. Da waren die beiden ursprünglichen Betreiber des Kanals also wieder gegen Ägypten vereint. Und was planten die zwei so? Richtig: einen kleinen Einmarsch, um mal so richtig auf den Tisch zu hauen und zu zeigen, dass die Welt mit Großbritannien und Frankreich auch anno 1956 noch zu rechnen hatte! Israel holten sie gleich mit ins Boot. Warum auch nicht? Wenn man die Ägypter schon ärgert, dann richtig. Die drei heckten nun also einen wunderbaren Plan aus. Israel sollte Ägypten zuerst auf dem Landweg attackieren, Paris und London würden dann schockiert Einspruch erheben und einen sofortigen Waffenstillstand fordern. Nachdem sie Nasser ein unmögliches Ultimatum gestellt hätten, würden sie selbst Truppen nach Ägypten schicken. Als Peacekeeper und so. Brillant!

Ende Oktober 1956 griff Israel also an. Zwei Tage später folgten die ersten Bombardements durch britische und französische Kampfjets, und nochmal fünf Tage später landeten die ersten britisch-französischen Truppen in Ägypten. Nasser und seine ägyptische Armee hatten all dem wenig entgegenzusetzen, und vor allem die Israelis setzten ihnen auf der Sinai-Halbinsel böse zu. Auch das ist etwas, von dem wir in Zukunft öfter hören werden. Die Briten und Franzosen profilierten sich derweil merklich weniger als die Israelis. Eigentlich blamierten sie sich sogar gewaltig. Es ging bei der Operation fast alles schief, was nur schiefgehen konnte. Britische und französische Bomber trafen ihre Ziele so selten, dass es fast schon ein Zufall war, wenn sie überhaupt etwas erwischten. Britische Bodentruppen wussten teilweise nicht einmal, ob Israel nun auf ihrer Seite war oder auf der gegnerischen! Aber auch die Vorbereitung auf den Angriff war mehr als mangelhaft. So wollten die Briten zum Beispiel Radio Kairo bombardieren, um die Kommunikation des Nasser-Regimes einzuschränken, zögerten aber lange, weil sie im dicht besiedelten Gebiet nicht zu viele Zivilistenleben riskieren wollten. Es dauerte Tage, bis das britische Kommando bemerkte, dass Radio Kairo mitten in der Wüste stationiert war.

Das Problem bei der Sache war aber ohnehin ein ganz anderes. Sowohl die USA als auch die Sowjetunion hatten ihre Interessen in Ägypten, und vor allem die USA hatten zu der Zeit eine Heidenangst, dass Nasser sich dem kommunistischen Block anschließen könnte. Der hatte schon im Jahr zuvor ein Waffenabkommen mit der nicht gerade westlich ausgerichteten Tschechoslowakei unterschrieben. Und die Sowjetunion hatte angeboten, den von Nasser geplanten Assuan-Staudamm zu finanzieren. Da passte Washington eine solche Provokation seiner westlichen Partner natürlich überhaupt nicht in den Plan! Zumal in genau dieser Woche die US-Präsidentschaftswahlen abgehalten wurden! Es kam Anfang November also zu einer von Washington unterstützten UN-Resolution, die einen Waffenstillstand und den Einsatz von Blauhelmen in Ägypten durchsetzte. Die britischen, französischen und israelischen Truppen mussten abziehen, und Großbritannien und Frankreich durften sich – als permanente Mitglieder des UN-Sicherheitsrats durchaus peinlich – nicht an den entsandten UN-Truppen beteiligen. Das erledigten stattdessen Dänemark und Norwegen. So weit war es für das mächtige Großbritannien und Frankreich inzwischen gekommen: Jetzt mussten schon die Dänen und Norweger hinter ihnen aufräumen!

Auch in Großbritannien selbst zeitigte der Krieg seine Wirkung. Die Währungsreserven des Landes brachen bereits nach ein paar Tagen ein, und weil Öllieferungen während des Konflikts den Umweg über das Kap der Guten Hoffnung nehmen mussten, folgte auch bald eine Ölkrise. Am Ende musste Erdöl in Großbritannien sogar wieder rationiert werden! Das wird bei der britischen Bevölkerung gut angekommen sein, nachdem sie gerade erst der Kriegsrationierung entkommen waren. Die USA drohten obendrein damit, massenhaft Britische Pfund auf den Markt zu werfen, um Anthony Eden zum Rückzug aus Ägypten zu drängen. Der Premierminister brach nach der erfolgten UN-Resolution ohnehin zusammen und setzte sich erst mal nach Jamaika ab, um sich gesundheitlich zu erholen. Einen Monat später trat er als Premier zurück. Dass er ausgerechnet nach Jamaika abhaute, entbehrt nicht einer gewissen Ironie: Auch dieses Land erklärte gute fünf Jahre später seine Unabhängigkeit vom Empire.

Für Großbritannien und Frankreich brachte die Suezkrise eine bittere Erkenntnis: Sie waren schon lange keine globalen Großmächte mehr. Auch wenn die Briten gerne geglaubt hätten, die USA und die Sowjetunion wären nur Kinder, die im Sandkasten spielten, war es in Wirklichkeit umgekehrt. Die Vereinigten Staaten waren schon lange Herr im Haus der westlichen Welt. Und sie sahen die Spielereien der Kinder in London und Paris ganz und gar nicht gerne. Präsident Nasser ging aus der Sache als großer Sieger hervor, obwohl er auf dem Feld vollkommen versagt hatte, was für einen ehemaligen Armeeoffizier durchaus bitter sein muss. Seine Truppen wurden von den Israelis auf geradezu peinliche Weise von der Sinai-Halbinsel geschmissen, und selbst die Franzosen und Briten konnten trotz all der Fehler, die sie in der Planung begangen hatten, schnell in das Land vordringen. Aber das nutzte nichts mehr. Jetzt war Nasser der große Held, der den üblen Imperialisten aus dem Westen gezeigt hatte, wo ihr Platz war. So langsam verstand das sogar Großbritannien. Wo war sein Platz also? Nun, weiter unten, als ihm lieb war.

„Hey Europa, hättet ihr da doch noch ein Plätzchen frei?"

Langsam dämmerte es den meisten in Großbritannien, dass die Zeit als Großmacht wohl endgültig vorbei war. Die Suezkrise hatte eindringlich bewiesen, wie inkompetent und machtlos das Land auf der internationalen Bühne inzwischen war. Dort wurde seit einiger Zeit Kalter Krieg gespielt, ein Stück, in dem es nur noch zwei Spieler gab; kleine europäische Inselstaaten hatten da einfach keinen Platz mehr. Für stolze Briten war diese Erkenntnis natürlich bitter. Immerhin wurden sie gerade von der eigenen Ex-Kolonie als führende Macht der westlichen Welt abgelöst. Ein paar Jährchen später waren dann so gut wie alle britischen Kolonien dahin, und der Traum vom Weltreich starb endgültig. Anfang der Sechzigerjahre war Großbritannien ein orientierungsloses kleines Land am Rande Europas. Es blieb ihm – wie allen anderen westeuropäischen Staaten – nichts anderes übrig, als sich an die USA anzulehnen. Wirklich abfinden konnten sich die Briten damit aber nicht. Auch das Selbstverständnis als Empire verschwand nicht einfach so über Nacht. Viele Menschen in Großbritannien, zugegeben eher die mit den Adelstiteln, nicht unbedingt die mit den Spitzhacken in den Minen, sahen sich nach wie vor als Herrscher der Welt. Böse Zungen würden behaupten, dass selbst heute manche britische Politiker noch nicht mit dem Empire abgeschlossen haben. Hört man sich einige Brexit-Anhänger an, kommt es einem zumindest so vor, als ignorierten sie die Tatsache gerne. Wie? Ihr wollt also von Europa weg und wieder eine globale Wirtschaftsmacht werden? Da kommt ihr nun wirklich sechzig Jahre zu spät. Das hat schon damals nicht funktioniert.

Das Wirtschaftswunder, das ja auch in Großbritannien mit Ende der Vierzigerjahre langsam eingesetzt hatte, flaute schon in den frühen Sechzigern wieder merklich ab. Die Konkurrenz auf dem Kontinent, allen voran Deutschland, befand sich hingegen noch immer in rasantem Wachstum. Das war nun wirklich unfair. Immerhin musste Großbritannien seit Kriegsende die deutsche Bevölkerung in seinem Besatzungsteil miternähren. Eine besonders aufopferungsvolle Episode war dabei der Abwurf von Bonbons für die Kinder Berlins im Rahmen der Luftbrücke 1948. Die britischen Kinder sahen das sicher ein. Bei ihnen waren Süßigkeiten zwar noch bis 1953 rationiert, die Kinder in Berlin haben sie aber gewiss mehr verdient … Schon im Jahr 1954 hatte Deutschland Großbritannien sogar im Fußball überholt und war in Bern Weltmeister geworden. Und dabei waren es doch die Briten, die den Fußball überhaupt erst erfunden hatten! Die Demütigungen nahmen für Großbritannien in der Nachkriegszeit wirklich kein Ende. Es kam aber noch schlimmer: Es schien für das Land zunehmend alternativlos, irgendwann auch der Europäischen Wirtschafsgemeinschaft EWG beizutreten. Bald hieß sie übrigens nur noch Europäische Gemeinschaft, EG, und schließlich EU. Aber das sind jetzt wirklich zu viele Feinheiten – das Ding hatte doch sowieso keine Zukunft, wie auf der britischen Insel jeder wusste! In seiner vielzitierten „Züricher Rede" 1946 hatte Winston Churchill noch eine Union der europäischen Staaten unterstützt. Freilich ohne jegliche Absicht, das stolze britische Empire an so etwas Kleinlichem zu beteiligen. In den 1960ern sah die Lage ganz anders aus. Da forderte die Briten irgendwann sogar der Big Boss aus Amerika dazu auf, endlich den verdammten Mitgliedsantrag zu unterschreiben. Die Sache wurde inzwischen peinlich. Aber die Briten wären keine Briten, hätten sie es nicht zuerst auf einem anderen Weg versucht. Statt der Europäischen Wirtschaftsgemeinschaft beizutreten, gründeten sie 1960 lieber die Europäische Freihandelsassoziation EFTA als Konkurrenzveranstaltung. Dabei scharten sie eine beeindruckende Zahl europäischer Großmächte um sich. Norwegen und Österreich zum Beispiel! Das muss den ach so stolzen Europäern in Frankreich und Deutschland wirklich einen Angstschauer über den Rücken gejagt haben. Konsequent, wie die Briten schon immer waren, gaben sie ihre EFTA-Bemühungen aber ohnehin schon nach einem Jahr wieder auf und stellten 1961 den Antrag zum Beitritt in die EWG. Andere Staaten, etwa Norwegen, sind heute noch immer in der EFTA, gemeinsam mit so illustren Größen wie Island, Liechtenstein und der Schweiz (na gut, das ist ja zumindest etwas). Heute gilt das EFTA-Land Norwegen ironischerweise als mögliches Vorbild für Großbritannien nach dem Brexit. Das hätten die Briten auch leichter haben können.

So problemlos lief das mit dem britischen EWG-Beitritt 1961 dann aber nicht. Die britische Regierung durfte nämlich etwas lernen, was jeder arrogante Bengel irgendwann lernen muss: Mit Großtun macht man sich bei seinen Kollegen nicht beliebt. Und weil sich die Briten so lange so negativ zur EWG geäußert hatten, lehnte der französische Präsident Charles de Gaulle den Beitrittsantrag 1963 einfach ab. Na gut, vielleicht spielte da der französische Hochmut eine Rolle.

Doch was wären die Franzosen ohne ihre Arroganz? Man kann ihnen schließlich nicht alles nehmen.

Mit der Wirtschaft geht's bergab?
Dann streiken wir eben!

Für die konservative britische Regierung war diese Absage ein Fiasko sondergleichen. Sie hatten sich doch so angestrengt, den europäischen Freunden zu gefallen. Sogar den Umstieg zum metrischen System hatte die Regierung in den Sechzigern geplant! Das Resultat war vorhersehbar. Die Tories verloren die nächste Wahl gegen die Labour-Opposition. Sich bei Frankreich und Deutschland einzuschleimen, war eine Sache; das hätte man den Konservativen vielleicht noch durchgehen lassen. Die Straßen in Kilometern zu berechnen, war aber eine ganz andere! Das machte doch überhaupt keinen Sinn! Tausend Meter sollen ein Kilometer sein? Nein, danke, da bleiben wir lieber bei unseren bewährten Methoden, weiß doch jedes Kind, dass ein Foot aus zwölf Inch besteht und eine Meile aus acht Furlongs, die wiederum zwölf Chains à zweiundzwanzig Yard à drei Feet beinhalten. Alles andere ist doch albern!

Mit der dreisten Ablehnung des britischen EWG-Beitrittsgesuchs ging es im Land dann erst einmal so richtig nach unten, und die nächsten fünfzehn Jahre waren in Großbritannien von konsequentem Abstieg gekennzeichnet. Das lag nicht allein daran, dass Großbritannien nicht mitspielen durfte, ein Beitritt hätte aber wohl vieles abfedern können. In so ziemlich jeder Hinsicht – wirtschaftlich, machtpolitisch, moralisch – fiel das Land in der Folgezeit hinter die europäischen Kollegen zurück. Sogar hinter Frankreich! Hätten die Briten in den 1960ern nicht wenigstens die Beatles gehabt, wäre das Land vollkommen irrelevant geworden. Die nächste konservative Regierung schaffte es 1973 dann doch noch, endlich der (inzwischen) EG beizutreten. Aber da war es für das Land wohl zu spät. Es steckte seit Jahren in einer Stagflation. Ein fancy Begriff, der ein stagnierendes Wirtschaftswachstum mit hoher Inflation bezeichnet. Der Beitritt in die EG konnte das nicht über Nacht ändern. Man sieht, die Brexiteers hatten schon immer recht! Die EU bringt Großbritannien rein gar nichts, das wurde schon in den 1970ern zweifelsfrei bewiesen! Zumindest wenn man alle anderen Faktoren ignoriert, und darin sind die Brexiteers ja bekanntlich sehr gut. Damals kam es übrigens auch schon zum ersten britischen Referendum über die Mitgliedschaft in der EG – wenngleich es von einiger Inkompetenz zeugt, dass die Regierung zwei Jahre nach dem Beitritt das Volk fragte, was es denn so darüber denke. 1975 waren jedenfalls noch zwei Drittel der Bevölkerung dafür. Auch die Konservativen, mit wenigen Ausnahmen. Labour war vehement dagegen. Wie sich die Zeiten ändern …

In den Siebzigern erfasste dann zu allem Überfluss auch noch die Ölkrise die westliche Welt und führte zu einem rapiden Wirtschaftsabschwung in allen größeren Staaten Europas und Nordamerikas. Eigentlich hätte Großbritannien davon profitieren sollen. Das Land hatte immerhin eigenes Öl aus der Nordsee! Beziehungsweise Schottland hatte eigenes Öl aus der Nordsee, nicht Großbritannien, wie man da oben im Norden gerne betont. Die Tatsache, dass selbst dies nichts half, sagt viel über den Abstieg aus, der in den vorangegangenen Jahrzehnten vor sich gegangen war. Inzwischen war auch Großbritannien zu abhängig von anderen Wirtschaftsräumen in den USA und auf dem europäischen Festland. Mitte der 1970er war die Talsohle in Großbritannien endgültig erreicht. Fast 25 Prozent Inflation verzeichnete das Pfund 1975. Im darauffolgenden Jahr musste die britische Regierung sogar einen Notkredit beim Internationalen Währungsfonds aufnehmen, um sich über Wasser zu halten, wobei es sich dabei letzten Endes um einen Rechenfehler auf Seiten der britischen Regierung gehandelt haben könnte. Auch ein vielversprechendes Zeichen …

Die Bevölkerung und ganz besonders die britische Arbeiterschaft waren von all dem nicht angetan. Gegen Ende des Jahrzehnts kam es zu immer heftigeren Streiks und Revolten. Der sogenannte „Winter of Discontent", der Winter der Unzufriedenheit – so höflich können auch nur die Briten ihre Volksaufstände nennen, wenn sie sich einmal nicht für Jahreszahlen entscheiden –, bildete den Höhepunkt dieser Entwicklung. Von 1978 auf 1979 wurde im ganzen Land massiv gestreikt, und es kam zu massenhaften Stromausfällen. Die Aktivisten müssen sich da ziemlich gut gefühlt haben. Immerhin schafften sie es letzten Endes, die Labour-Regierung 1979 in die Knie zu zwingen. Sie sollten sie sich schon bald zurückwünschen.

Ding, dong, the witch is here

Die streikenden Arbeiter konnten ja nicht ahnen, was da auf sie zukam. Die verhasste, weil so erfolglose Labour-Partei war nach den Wahlen 1979 zwar weg vom Fenster, die Konservativen hatten aber nicht einfach irgendwen gegen sie ins Rennen geschickt. Nein, sie brachten eine Frau auf den Premierministersessel, die bald als „Iron Lady" bekannt wurde: Margaret Thatcher. Ihre Wahl war zunächst einmal ein durchaus optimistisch stimmendes Ereignis. Immerhin war sie die erste Frau an der Spitze Großbritanniens, zumindest wenn man von Königinnen absieht, und deren Aufgabe bestand auch nicht vorrangig darin, Nachfolger zu gebären. Das war ein progressives Signal. Progressiv war Thatcher dann auch in ihrer Politik, und zwar in dem Sinne, dass sie fast alles Dagewesene umkrempelte und das Land bis auf die Grundfesten umbaute. Von den streikenden Gewerkschaftern, die ihre Wahl möglich gemacht hatten, hörte man nach diesen Umbauten nie mehr etwas.

Thatcher war einiges, arbeiterfreundlich war sie aber mit Sicherheit nicht. Sie bildete in den 1980ern lieber eine Achse mit US-Präsidenten Ronald Reagan und fuhr eine neoliberale Wirtschaftspolitik, wie sie noch keiner in Europa gesehen hatte. Ziel war es, die britische Wirtschaft nach der Ölkrise wieder anzukurbeln und die

Inflation in den Griff zu bekommen. Sollten da unterwegs auch noch ein paar von Thatchers Parteifreunden den ein oder anderen Steuervorteil einheimsen, war das natürlich reiner Zufall. So ging die „Eiserne Lady" also ans Werk, senkte erst einmal den Spitzensteuersatz für Unternehmen und fing dann systematisch an, alles zu privatisieren, was der Staat so zu bieten hatte. Bei einigen der Unternehmen war das vielleicht gar nicht so dumm, bei der Kohle- und Stahlindustrie zum Beispiel. Nebenbei trafen die Maßnahmen aber auch die Telekommunikation, die Infrastruktur und – wenn auch erst unter Thatchers Nachfolger John Major – die britische Eisenbahn. Aus diesem Grund gibt es auf den Britischen Inseln heute über zwanzig Eisenbahngesellschaften. Wer jetzt glaubt, diese Konkurrenz hätte zu niedrigeren Preisen und einem besseren Service geführt, dem empfehle ich, mal eine Reise durch die Midlands anzutreten. Dagegen sind sämtliche Beschwerden über die Deutsche Bahn reiner Kinderkram. Wer von London nach Manchester will, ist mit einem Ryanair-Flug oft besser beraten als mit einem Zugticket. Und da Maggie, wie Margaret Thatcher liebevoll genannt wurde, gerade dabei war, entmachtete sie auch gleich noch die Gewerkschaften. Ohne die wäre sie zwar unter Umständen nie an die Macht gekommen, sie passten aber schlicht nicht in das Weltbild der Premierministerin und mussten daher weichen.

Wirklich gut lief es für die frischgebackene Staatschefin Thatcher anfangs jedoch nicht. Trotz all der Reformen stieg die Inflation nach ihrer Wahl weiter an, und abgesehen von ihren Parteifreunden profitierten erst einmal nur wenige von ihren Wirtschaftsreformen. Nun kennt aber jeder gute Machtpolitiker einen bewährten Trick, von dem wir in diesem Buch schon öfter gehört haben: Läuft es zu Hause nicht so richtig, beginnt man im Ausland einen Krieg! Nichts vereint die dumme Bevölkerung besser wie ein kleiner Feldzug! Patriotische Gefühle, Heimatstolz, das ist doch alles viel wichtiger als so Kleinigkeiten wie Sozialgesetzgebung oder ein Arbeitsplatz.

Für einen Haufen Steine und ein paar Schafe

Die Chance für so einen Krieg ergab sich für Thatcher, als Argentinien 1982 einen kümmerlichen Rest des britischen Empires im Südatlantik angriff: die Falklandinseln. Dabei handelt es sich um eine Inselgruppe vor der Küste Südamerikas mit einer ehrfurchtgebietenden Bevölkerungszahl von knapp dreitausend. Die argentinische Militärregierung jener Zeit dachte wohl, die Briten würden es nicht auf sich nehmen, dieses unnütze Stückchen Land gegen eine Besatzung zu verteidigen. Immerhin lagen die Inseln direkt vor der Küste Argentiniens, aber fast 13.000 Kilometer von der britischen Insel entfernt. Es musste also ein ziemlich kostspieliges Unterfangen sein, die britische Armee dorthin zu schicken. Nur täuschten sich die Argentinier in Mrs. Thatcher gewaltig! Sie schickte gleich ihre geballte Kriegsflotte in den Südatlantik und konnte die argentinischen Truppen innerhalb von ein paar Monaten komplett von den Inseln vertreiben. Gut zweihundertfünfzig britische Soldaten fielen, auf argentinischer Seite waren es über sechshundert. Seitdem gehören die Falklands sicher zu Großbritannien, auch wenn Argentinien seinen Anspruch nie aufgegeben hat. Vor ein paar Jahren gab es sogar ein Referendum auf der Insel, bei dem die paar Einwohner gefragt wurden, ob sie nach wie vor ein britisches Überseegebiet bleiben wollten. 99,8 Prozent der Falkländer waren dafür. Ganze drei Leute stimmten dagegen. Ich bin mir sicher, die sind im einzigen Pub der Insel ausgesprochen beliebt.

Margaret Thatcher war das nach Ende des Krieges jedenfalls. Der alte Trick zog immer noch, und der Kriegserfolg brachte ihr die Zustimmung im Land ein, mit der sie ihre weiteren Reformpläne und insbesondere die Entmachtung der Gewerkschaften mit Gewalt durchsetzen konnte. Gewalt ist hier durchaus wörtlich zu nehmen. Thatcher saß tatsächlich ein ganzes Jahr lang einen ausgewachsenen Bergarbeiterstreik aus, bis den Menschen irgendwann die Energie ausging. Der Name „Iron Lady" kommt nicht von ungefähr. Wenn sie auch nicht sonderlich heiß auf die Eisenbergwerke des Landes war. Irgendwie merkwürdig – britisch eben.

In Brüssel war Thatcher deutlich unbeliebter als in London. Das ist halt das Problem mit Regierungschefs, die sich nach irgendwelchen Pseudo-Kriegen auf einem Egotrip befinden. Im Jahr 1984 zog sie mit frischer Energie nach Brüssel, warf mit ihrer Handtasche um sich und schrie lauthals: „I want my money back!" Es spricht nicht gerade für die europäische Führungsriege, dass sie ihr das verlangte Geld tatsächlich gab. Seitdem genoss Großbritannien seinen berüchtigten „Briten-Rabatt". Das Land erhielt damit gut 66 Prozent seiner Nettozahlungen an die EG beziehungsweise EU zurückerstattet. Gute Lösung, damit war das Problem bekanntlich vom Tisch, und die Europäer mussten sich nie mehr mit britischen Forderungen in der EU herumschlagen … Thatcher tat der Erfolg indes wohl nicht gerade gut. Sie wurde irgendwann so arrogant, dass sie im Pluralis Majestatis von sich sprach, also in der königlichen Wir-Form. Als sie eines Tages stolz ankündigte: „Wir sind Großmutter", dürfte das den meisten Menschen im Land endgültig zu viel gewesen sein.

Wieder mal ein Problem für immer gelöst

Wenig überraschend in der Rückschau kam das Europa-Thema schon sehr bald wieder in der britischen Politik auf. Eigentlich bereits unmittelbar nach Thatchers Rücktritt 1990. Dieser Rücktritt war ohnehin teilweise europapolitisch bedingt. Trotz des von ihr erkämpften Rabatts waren nicht alle Konservativen auf ihrer kritischen Seite. Viele zeigten sich damals noch offen proeuropäisch. Immerhin waren es die Tories gewesen, die den Beitritt zur EG ermöglicht hatten. Der Hauptgrund für Thatchers Rücktritt war jedoch eine Kopfsteuer, die sie einzuführen versuchte. Das war nun wirklich ein böser Geniestreich der ganz besonderen Art. Jeder Haushalt sollte einfach nach der Menge der dort lebenden Personen besteuert werden. Dass dabei der Wert der Immobilie und das Einkommen der Bewohner ignoriert wurden und Thatchers reiche Parteifreunde nebenbei ordentlich profitierten, ist sicher wieder so ein böser Zufall. Dass arme Familien außerdem dazu tendieren, mit mehr Menschen in einem Haus zu leben, konnte man nun wirklich nicht dem unschuldigen Gesetz anlasten. Es war auch sicher reiner Zufall, dass die Thatcher-Regierung die Steuer ausgerechnet am 1. April 1990 einführte. Scherz war sie trotzdem keiner. In Schottland wurde die Steuer sogar schon davor „ausprobiert". Dort konnte Thatcher ja zumindest keine Wähler verlieren – sie hatte dort schlicht keine. Diese Kopfsteuer blieb dann auch noch einige Jahre erhalten, die Premierministerin trat allerdings aus innerparteilichem Druck zurück. Thatcher war dennoch weit über ihre Regierungszeit hinaus beim Volk ausgesprochen beliebt. Fragen Sie mal in Schottland nach, oder in Nordengland. Oder in jeder Familie, die unter 100.000 Pfund im Jahr verdient. Ausgesprochen beliebt, bis zum heutigen Tag. Deshalb sang, als sie 2013 starb, auch niemand auf den Straßen Großbritanniens „Ding dong the witch is dead", und es kam auch nicht zu spontanen Jubelfeiern.

Innerhalb ihrer Tory-Partei waren es allerdings nicht unbedingt die Kopfsteuer oder Thatchers sonstige radikale Lösungen, die Diskussionen auslösten. Es war vielmehr der Europakurs der Partei. Das Thema Europa sollte die Konservativen noch lange nach Thatchers Rücktritt beschäftigen, was wohl auch ein Grund dafür war, dass ihr Nachfolger John Major 1997 die schwerste Tory-Wahlniederlage in 160 Jahren einstecken durfte. Seit 1832 hatten die Konservativen keine so desaströse Wahl erlebt! Die Sache verdammte die Tories schließlich zu einer langen, langen Zeit in der Opposition. Tony Blair gewann nicht nur die Wahl 1997 in einem Erdrutschsieg, seine Labour-Partei – oder wie er sie neu entwarf: „New Labour" – gab die Macht auch bis 2010 nicht mehr her. Nach gut zehn Jahren auf der Oppositionsbank kam dann 2005 ein neues, junges Gesicht an die Spitze der Tories, ein gewisser David Cameron, Ururururururenkel von König Wilhelm IV. oder so ähnlich. Camerons Nachricht an die

Konservativen: „Stop banging on about Europe", hört auf, ständig über Europa zu zetern. Ein guter Ratschlag, den er natürlich sofort selbst ernst nahm.

Wie wir hinkamen, wo wir heute sind

Stop banging on about Europe!

Nach der Reise durch die Jahrhunderte mag es so aussehen, als wäre der Brexit unausweichlich gewesen. Alles scheint darauf hinauszulaufen. Im Anschluss an den überraschenden Abstieg Großbritanniens nach 1945, die nationale Demütigung in der Suezkrise, den notgedrungenen Gang nach Europa, ist es da nicht verständlich, dass man in Großbritannien nun zu Ende bringt, was Maggie Thatcher in den 1980ern in irgendeiner Form begonnen hat (wenn auch diesmal ohne Handtaschen)? Ist es nicht verständlich, dass sich das Land nach alter Größe sehnt? Mag sein, Größenfanatiker soll es überall geben. Unausweichlich war das alles aber bei Weitem nicht! Von der britischen Geschichte der letzten Jahrzehnte zum Brexit, auf diesem Weg liegt eine ganze Menge eigennütziger oder dummer – meist beides – Entscheidungen zahlreicher politischer Akteure. Und eines sollte inzwischen klar sein: An dummen und eigennützigen Entscheidungen mangelt es Großbritannien beim besten Willen nicht. Man kann damit offensichtlich ganze Bücher füllen. Der letzte große britische Politiker, der in diesem Buch Erwähnung finden soll, ist unser lieber David Cameron, dem dieses Werk nicht ganz ohne Grund gewidmet ist. Er ist das lebende Beispiel dafür, dass auch 150 Jahre Bedenkzeit nicht ausreichen, um aus den Fehlern der eigenen Vorfahren zu lernen. Wie also hat dieser Mann es gemacht? Wie hat er sein Land in den Brexit geführt?

Seine Karriere fing vielversprechend an. David Cameron galt in der Konservativen Partei zu Beginn der 2000er-Jahre als die große Zukunftshoffnung. Frisches Blut mit frischen Ideen und einem neuen Blick auf die Dinge. Zugegeben, da hätten die Parteigranden etwas genauer hinsehen können. Frisches Blut kann man als gar nicht mal so entfernter Verwandter der königlichen Familie beim besten Willen nicht für sich in Anspruch nehmen. Einen neuen Blick auf die Partei kann man dem jungen David auch nicht gerade unterstellen. Sein Elternhaus war seit eh und je parteinah, er ging in der berüchtigten konservativen Kaderschmiede Eton zur Schule, studierte später in Oxford. Doch gestehen wir dem jungen David Cameron zumindest die frischen Ideen zu. Die mag er damals ja wirklich gehabt haben, und er gewann nicht ganz ohne Grund die Wahl zum Parteivorsitzenden der Konservativen im Jahr 2005. Camerons Rat an die europakritischen Mitgliedern der eigenen Partei habe ich ja schon erwähnt: „Stop banging on about Europe!" Schauen wir uns mal an, wie das so gelaufen ist.

Hätte man sich das nicht sparen können?

Man könnte erwarten, der frischgebackene Parteiführer Cameron hätte die Jahre in der Opposition nach 2005 genutzt, um die wachsenden Differenzen beim Thema Europa in der eigenen Partei etwas zu glätten. Zeit hatte er dafür ja gehabt, immerhin blieb Labour bis 2010 an der Macht. Fünf Jahre also, um im eigenen Haus für Ordnung zu sorgen. Und diese Ordnung wäre dringend nötig gewesen! Seit den Neunzigern fand der Richtungsstreit in Sachen EU unter den Tories eigentlich nie ein Ende. Die so schmerzhafte Niederlage John Majors von 1997 wurde von vielen in der Partei nicht zuletzt auf die Europafrage zurückgeführt. Zur Zeit der desaströsen Wahl standen immerhin wichtige Weichenstellungen in Europa an. Die Europäische Gemeinschaft war kurze Zeit zuvor zur Union geworden, das Schengenabkommen und offene Grenzen wurden langsam zur Realität, es wurde offen über eine Verfassung für die EU diskutiert, und die Einführung des Euros war auch schon am Horizont zu erkennen. Großbritannien hielt sich aus so gut wie allem heraus. Wahrscheinlich wollten sich die Briten wie damals in den Fünfzigern einfach etwas Bedenkzeit gönnen. Ein paar Jahre später, wenn sich die Vorzeichen ändern (also das Land wieder mal vor der Pleite steht), kann man dann immer noch mitmachen.

Trotzdem braucht es keinen keltischen Druidenwahrseher, um zu erkennen, dass die Europafrage auch auf der Insel nicht ganz so unwichtig gewesen sein kann, auch nicht in der Wahl von 1997. Immerhin ging es um die Rolle Großbritanniens in Europa und der Welt, und nicht alle Tories waren dafür, sich einfach aus allem, was sich in Europa so abspielte, herauszuhalten. John Major selbst hat bekanntlich einmal gesagt, er wolle Großbritannien im Herzen Europas sehen. Je nach Standpunkt vertraten konservative Politiker nach Majors Niederlage die Meinung, die Wahl sei verloren worden, weil die Partei entweder zu europafreundlich oder zu europafeindlich aufgetreten sei. Acht Jahre später, zum Zeitpunkt der Wahl Camerons, diskutierten sie noch immer. Das lag wahrscheinlich an der Höflichkeit der Tory-Adeligen, die sich da trafen. „Nein, Sie sprechen zuerst." „Nein, nach Ihnen bitte, Sir Applesquith." „Nein, ich bitte, Sie …"

Als die Konservativen 2010 die Parlamentswahl gewannen und David Cameron Premierminister wurde, versuchte er zunächst doch noch, den starken Mann zu spielen und die euroskeptischen Parlamentarier der eigenen Partei einfach zu ignorieren. Und die wachsende UKIP-Wählerschaft im Land gleich mit. Sie hatten sowieso unrecht! Ein sehr vorausschauender Plan, ganz in der stolzen Tradition der britischen Politik: Abwarten und Tee trinken, bis sich die Probleme von selbst lösen. Wie schon immer in der britischen Geschichte lief das auch für Cameron ganz wunderbar! Zumindest für drei Jahre. Dann wurde der innerparteiliche Druck zu groß, und er stellte ein Referendum über den Austritt Großbritanniens aus der EU bis spätestens 2017 in Aussicht. Natürlich nur für den Fall, dass er dann noch Premierminister sein sollte. Man macht so etwas ja nicht ganz uneigennützig!

Kurzfristig war die Ansage Camerons gar kein so schlechter Move. Die Kritiker in der eigenen Partei waren zunächst einmal versorgt und mussten jetzt ohnehin stillhalten, um den Wahlsieg 2015 nicht zu gefährden. So konnte Cameron zum ersten Mal in seiner noch frischen Regierungszeit durchatmen und einfach mal regieren. Er hätte es wenigstens können, hätten sich inzwischen nicht auch die Schotten dazu entschieden, diesen Haufen in Westminster ein für alle Mal hinter sich zu lassen. Das Unabhängigkeitsreferendum in Schottland ist aber ein Thema für ein anderes Buch, und diese Bedrohung des britischen Staates konnte David Cameron 2014 dann auch tatsächlich noch einmal abwenden. Die probritische Seite erhielt 55 Prozent der Stimmen, nachdem Cameron Schottland alles Erdenkliche in Aussicht gestellt hatte, solange es nur bei Großbritannien blieb. Mehr Rechte für das Parlament in Edinburgh? Zugesagt! Mehr Geld? Klar doch! Mehr Selbstbestimmung? Aber selbstverständlich! Klassische Westminster-Politik eben: Das Blaue vom Himmel versprechen und dann nichts halten. Ich bin mir jedenfalls sicher, die Schottland-Frage ist damit ein für alle Mal geklärt und wir werden nie wieder etwas davon hören.

Als das große Wahljahr 2015 dann anstand, machte Cameron wieder genau das Gleiche. Der britischen Bevölkerung versprach er fast schon paradiesische Zustände. Er werde den für Großbritannien besten Deal bei der EU herausholen, sodass man den Club gar nicht erst verlassen müsse, sondern ganz im Gegenteil noch größere Vorteile genießen werde als ohnehin schon. Unter diesen neuen Voraussetzungen könnte er dann ohne Risiko das versprochene EU-Referendum abhalten, und die Menschen würden sich selbstverständlich hinter ihren heroischen Premierminister und die Mitgliedschaft in der EU stellen. Die Wahl gewann Cameron mit diesen einigermaßen plumpen Versprechungen tatsächlich. Seine Nachverhandlungen mit der EU waren in den Monaten darauf auch um einiges ernsthafter als alles, was er den Schotten nach ihrem Referendum noch zugesagt hatte. Alles lief eigentlich wie am Schnürchen. Wahl überragend gewonnen, toller Deal in Brüssel. Da konnte das Referendum kommen.

Und das tat es dann auch. Nur: So wie Großbritannien bald Ex-Mitglied der Europäischen Union sein wird, ist David Cameron schon längst Ex-Premierminister und Ex-Hoffnungsträger der Konservativen Partei. Er ist nur eine weitere Figur der britischen Geschichte, die über das Thema Europa seinen Kopf verloren hat. Seiner Nachfolgerin Theresa May wird es damit aber sicher viel besser gehen. Es sieht bisher ja schon sehr vielversprechend aus ...

Und was sollen wir jetzt aus der Geschichte lernen?

Ist der Brexit nun wirklich die epochale, alles verändernde Entwicklung, wie sie im Licht der letzten Jahrzehnte aussieht? Mit Blick auf die Jahrhunderte davor wirkt er doch eher wie eine Fortführung alter englischer Außenpolitik. Wir haben im Verlauf dieses Buches immer wieder Episoden kennengelernt, in denen England genau dasselbe getan hat. Meinetwegen waren die Mittel damals noch andere. Im Mittelalter hielt man kein Referendum ab, um ein politisches Ziel zu erreichen, man marschierte einfach irgendwo ein oder tötete irgendwelche Feinde zu Hofe und so weiter. Simple times ... Die europäische Frage war am Londoner Hof trotzdem schon seit jeher die alles bestimmende, und die Herrscher des Landes fanden immer wieder einfallsreiche und radikale Antworten auf sie.

Schon vor zweitausend Jahren entschieden sich Teile der britischen Bevölkerung dazu, mit der ersten europäischen Supermacht in Form des Römischen Reichs lieber nichts zu tun haben zu wollen. Nach den so beeindruckenden Kriegen des Johann Ohneland und dem folgenden Hundertjährigen Krieg zog England sich im Mittelalter – wenn auch diesmal eher unfreiwillig – ganz vom europäischen Kontinent zurück und wandte sich stattdessen den Weltmeeren zu. Unter Heinrich VIII. kehrte sich das Land sogar im religiösen Sinn vom europäischen Zentrum ab und ließ das Papsttum und den Katholizismus ein für alle Mal hinter sich. Auch dies wohl ein Grund,

warum heute gefühlt alle englischen Kirchen Nachtclubs oder Super-
märkte sind. In moderner Zeit verhielt es sich mit dem englischen
Europaproblem nicht viel anders. Nach dem Ersten Weltkrieg entwickelte sich allmählich die Idee der „Special Relationship" mit den
USA, die wiederum nur das Ziel hatte, Großbritannien von seinen
Nachbarn in Europa möglichst fernzuhalten. Da passt der Brexit im
Grunde prächtig ins Bild. Er ist nur eine Fortsetzung der Entwick-
lungen aus zweitausend Jahren mit etwas anderen Mitteln. Zugegeben mit ziemlich anderen Mitteln. Hätte man dem König im Mittelalter vorgeschlagen, einfach alle Einwohner zu befragen und eine
Doppeldecker-Kutsche mit Werbung vollzuklatschen, hätte er wohl
recht verdutzt dreingeschaut.

Auf der anderen Seite ist aber nicht zu erwarten, dass diese neue
englische Abkehr von Europa von Dauer sein wird. Auf jede Reibe-
rei mit dem Kontinent folgte in der Geschichte eine neue Annähe-
rung. Nach dem Abzug der Römer kamen mit den Angelsachsen wieder Europäer nach Britannien und brachten ihre Kultur und ihre
Bräuche mit. Mit den Wikingern und Normannen war es ein paar
Jahrhunderte darauf nicht anders. Ohne diese Völker wäre das Land
auf der anderen Seite des Ärmelkanals heute nicht, was es ist. Die
Sprache wäre eine komplett andere, die Kultur nicht weniger. Diese
historischen Erfahrungen machen Großbritannien zu dem, was es
ist: zu einem durch und durch europäischen Land! Zu jeder Zeit in
der britischen Geschichte war es doch Europa, wo die größten Gefahren für das Land schlummerten. Und es war Europa, wo die größten Chancen und für lange Zeit die engsten Verbündeten zu finden
waren. Nicht ganz zufällig sind alle modernen britischen Königs-
familien europäischen, genauer gesagt deutschen Ursprungs. Erwäh-
nen Sie das aber lieber nicht beim nächsten Streitgespräch mit einem
UKIP-Anhänger. Wobei … unter denen soll der ein oder andere eine
gewisse Zuneigung zu Deutschland haben. Ich frage mich warum.

Europa und Großbritannien – das ist letzten Endes einfach eine
komplizierte Geschichte. Auf den Britischen Inseln wie auf dem euro-

päischen Festland wird es immer Leute geben, die die jeweils andere Seite bewundern. Es wird aber auch immer welche geben, die die andere Seite verachten und möglichst wenig mit ihr zu tun haben wollen. Die Rhetorik der Politiker in Westminster wird immer zwischen den beiden Polen Freundschaft und Misstrauen hin und her wandern, je nachdem, was beim Volk halt gerade besser ankommt. Das ist nur gute Tradition. Momentan mögen die Stimmen derer, die im europäischen Kontinent eine Bedrohung und keine Chance sehen, in Großbritannien überwiegen. Doch wer weiß schon, was den Briten und Europäern in Zukunft noch so bevorsteht. Eines kann man mit Sicherheit sagen: Weit voneinander entfernt werden die beiden nie sein. Ob sie nun wollen oder nicht.

Eines gilt nicht nur für den Brexit: Geschichte darf auch mal lustig und, ja, ein bisschen gehässig sein. Wenn Sie also noch mehr darüber erfahren wollen, welche Dummheiten irgendwelche Idioten irgendwo auf der Welt in der Vergangenheit so begangen haben, schauen Sie auf meinem Déjà-vu Geschichte Blog vorbei! Unter **www.deja-vu-geschichte.de** bekommen Sie garantiert Ihre regelmäßige Dosis unterhaltsame Geschichte geliefert.